W0181144

BASTEI
LÜBBE

Werner Honig

DIE EHRE IM KNOPFLOCH

Orden und Ehrenzeichen im Wandel der Zeiten

BASTEI
LÜBBE

BASTEI-LÜBBE-TASCHENBUCH
Band 60 143

Originalausgabe
© by Gustav Lübbe Verlag GmbH, Bergisch Gladbach 1986
Printed in Western Germany 1986
Einbandgestaltung: Manfred Peters
Titelabbildungen und Fotos: Uwe Vierkotten
Satz: Fotosatz Froitzheim, Bonn
Druck und Verarbeitung: Ebner Ulm
ISBN 3-404-60143-x

Der Preis dieses Bandes versteht sich einschließlich
der gesetzlichen Mehrwertsteuer.

Inhalt

Orden und Ehrenzeichen liegen stets ein wenig zwischen Glorie und Glosse, und das trotz ihrer langen, bewegten und bewegenden Geschichte. Zunächst auf das religiöse Fundament der Kreuzzüge gestellt, dann aus landesherrlicher Selbstbestätigung sowie zur Festigung der Untertanentreue installiert, waren sie soziale Tröstung, feinabgestimmtes Belohnungsinstrument, waren Gleitmittel für Macht und Machtansprüche. Mit gallischem Witz hat es Aristide Briand formuliert: »Was ist ein Orden? Ein kostensparender Gegenstand, der es ermöglicht mit wenig Metall viel Eitelkeit zu befriedigen.«

Daß man das Ordenswesen bis zur Perfektion pervertieren kann, ist bekannt. Dennoch: die Auszeichnung vor allen anderen (im wahrsten Sinne des Wortes) ist so alt wie die Menschheit. Schon im alten Testament, Genesis XLI, Vers 42 steht: »Und (Pharao) tat seinen Ring von seiner Hand und gab ihn Joseph an die Hand und kleidete ihn mit köstlicher Leinwand und hing ihm eine güldene Kette an seinen Hals.« Die Griechen vergaben die *ta falara* – kleine, handliche kreis- oder halbmondförmige Schilde – für militärische Verdienste. Wir finden diese Auszeichnungen bei den Römern als vergoldete oder versilberte *phaleren* wieder. (Sie gaben der Ordenskunde ihren wissenschaftlichen Namen: Phaleristik.)

Anerkennung und Belohnung sind, wenn auch nicht Ziel aller Bemühungen, zwei der mächtigsten Motive menschlichen Handelns. Die Frage darf gestellt werden: Gibt es eine sinnigere Anerkennung als durch ein einfaches Band, ein Kreuz, einen Stern, als durch ein Zeichen, dessen Wert – von Ausnahmen abgesehen – nur ein moralischer ist?

Deutsche Orden und Ehrenzeichen werden vielfach undifferenziert berteilt, vornehmlich wegen ihrer braunen Hypothek. Es ist ein Glücksfall, wenn ein historisch versierter, eloquenter Autor wie Werner Honig in äußerst vergnüglicher Form dem Leser zu weiterreichender und damit besserer Einsicht verhilft. Über den unbestrittenen Lesegenuß hinaus wird hier in das kleine, das menschliche Welttheater eingeladen ohne die moralinsaure Tendenz: Wer Orden nötig hat, beweist nur, daß er sie nicht verdient, und wer sie wirklich verdient, hat sie nicht nötig. Denn wer besitzt schon die Größe des buckligen Hofnarren der Königin Isabella von Spanien, dem man das »Große Kreuz des Imperiums« an goldener Kette umhängte und der sich sogleich den Orden auf seinen krummen Rücken schob. Als man ihm empört Vorhaltungen machte, anwortete er nur: »Majestät, außer meinem Buckel wüßte ich nichts an mir, was einer tröstenden Verzierung bedarf.«

Die vorgelegte augenzwinkernde, phaleristische Laudatio war überfällig. Ich hoffe, sie wird für das Ordenswesen eines bewirken: Verständnis für die historischen Wurzeln sowie Anerkennung der gesellschaftlichen und soziologischen Notwendigkeit. Das aber wäre, um mit der Devise des österreichischen Ordens vom Goldenen Vlies zu schließen, kein geringer Preis für die Mühen – »Pretium non vile laborum«

Jörg Nimmergut
Präsident des Förderkreises Deutsches Ordensmuseum e. V.
Ehrenmitglied der Société Suisse de Phaléristique

»Die Ehre im Knopfloch« – der geheimnisvolle Titel dieses heiteren Buches mag mit dazu beigetragen haben, der Phaleristik eine Bühne zu eröffnen, die unter dem Eindruck emotionaler Diskussionen – Für und Wider – scheinbar unbespielbar geworden war.

In den paar Jahren seit dem Erscheinen der ersten Ausgabe haben aber eine Wissenschaftsdisziplin und ein Sammlergebiet – die Phaleristik – vorher unbekannte Gestalt angenommen und Wirkung entfaltet, ja überhaupt erst eine Benennung bekommen, die auf das antike Altertum zurückgreift und andeuten soll, daß die mit sichtbaren Zeugnissen ausgedrückte öffentliche und soziale Anerkennung einem menschllichen Bedürfnis entspricht und entgegenkommt.

Neben den antiken Platten, die manch einem Helden auf die Brust geheftet werden konnten, nehmen sich moderne Knopflochrosetten bescheiden aus. Nur die großen Schärpen hochmögender Potentaten und VIPs könnten damit in optische Konkurrenz treten, und das tun sie auch nur zu höchst zeremoniellen Anlässen. Die aber werden nach wie vor und wieder wie einst begangen.

Vielleicht machen sich »Dekorierte« aller Klassen bei der Lektüre Gedanken über die noch gültigen Hintergründe ihres Auftritts. Es ist immer gut, über Bestehendes und Ausgeübtes ein wenig nachzudenken.

Dr. phil. Ottfried Neubecker
Präsident des Wappen-HEROLD
DEUTSCHE HERALDISCHE GESELLSCHAFT E. V.
Ehrenvorsitzender des Freundes- und Förderkreises Deutsches Ordensmuseum

Wie es der Historiker sieht: Die geschichtliche Entwicklung des Ordenswesens

»Der schöne Brauch, Männer durch ein äußeres Merkmal auszuzeichnen, die durch Klugheit oder Tapferkeit oder Kühnheit dem gemeinen Wesen im Krieg oder Frieden wichtige Dienste geleistet hatten, war bei allen Völkern, in alter und neuer Zeit, stets üblich. Er scheint auch wirklich in der Natur des Menschen, der in einer Gemeinschaft lebt, wohl begründet zu sein, und eben darum so allgemein und so früh schon gefunden zu werden. Mannigfaltig waren solche öffentlichen Beweise des Dankes und der Auszeichnung, welche Rom seinen Helden gab, und einfach groß und begeisternd feierten die Staaten der Hellenen ihre besten Bürger. Auch die weltlichen Ritterorden, wie sie jetzt sind, haben eine ganz ähnliche Bestimmung, wiewohl ihr uranfänglicher Zweck sich im Laufe der Zeiten beträchtlich verändert hat. Aus den Instituten der Ritterschaft und der geistlichen Korporationen entstanden, waren sie anfangs Verbrüderungen würdiger Männer, die, mit Übernahme bestimmter Pflichten unter dem Gesetz der Ehre, zu vaterländischen oder allgemein christlichen Zwecken zusammengetreten waren. Freie Geburt und tadelloses Leben waren die Bedingungen der Aufnahme. Verdienste aber sollten erst in dem Orden selbst erworben werden. Und in diesem Stücke ist die Hauptveränderung mit ihnen vorgegangen. Als Korporationen können sie noch immer betrachtet werden; allein die Verdienste, welche vormals der Aufnahme folgen sollten, müssen anjetzt schon vorangegangen sein.
Der erste und gewisseste öffentliche Verein dieser Art in

der Christenheit war der Orden de la Gènette oder von der Bisamkatze. Karl Martell stiftete ihn im Jahre 726. Ungewisser ist der Orden sanctae ampullae, den Chlodewich I. im Jahre 499, sowie der Orden von der Eiche, den Garsias Ximenes, König von Navarra, im Jahre 722 gestiftet haben soll. Späterhin waren wohl die Kriege, welche die christlichen Völker des Abendlandes vom Ende des elften bis gegen das Ende des dreizehnten Jahrhunderts führten, um Palästina, das Heilige Land, wo der Stifter ihres Glaubens gelebt, für das Heil der Welt gelitten hatte, und wo sein Grab war, der Gewalt der Ungläubigen zu entreißen, und welche den Namen der Kreuzzüge führen, mehr oder weniger, mittelbar oder unmittelbar die Veranlassung, das Vorbild und das Muster aller nachherigen Orden. Durch Vereinigungen von Personen, deren Zweck gleich fromm und unter Beobachtung gewisser Regeln der war, Krankenpflege zu üben, die christliche Religion auszubreiten und zu beschützen, traten zuerst die geistlichen Ritterorden, von denen der älteste der Orden des heiligen Johannes von Jerusalem ist, hervor. Ihre Gesetze waren denen der Mönchsorden ähnlich. Ihr Vorsteher oder Meister wurde durch die Mehrheit der Stimmen gewählt, und zu ihrer Dauer und Gültigkeit bedurfte es der Bestätigung des Papstes, der noch jetzt gewissermaßen als Oberhaupt aller geistlichen Ritterorden angesehen werden kann. Zu welcher politischen Wichtigkeit und Macht einige derselben gelangten, ist ebenso bekannt wie ihr gänzliches Herabsinken in unseren Tagen. Nach ihnen bildeten sich späterhin die weltlichen Ritterorden, bei denen mit solchen gottesdienstlichen Übungen auch die ritterlichen verbunden waren. Von den Kreuzfahrern, die zu ihrer Bezeichnung ein Kreuz auf dem Kleide trugen, das ihnen auch den Namen und ihren Kriegen den der Kreuzzüge gab, entlehnten die geistlichen Ritterorden die Sitte, sich durch ein äußeres Zeichen, gewöhnlich ein Kreuz, kenntlich zu machen. Diese Kenntlichmachung der Personen ihrer Mitglieder, als einer besonderen frommen Verbindung angehörig, war notwendig, wegen ihres ursprünglichen Zweckes sowie wegen der Verhältnisse, in welchen sie zueinander und zu der übrigen Welt stehen wollten und stehen mußten. Ihrem Beispiel folgten hierin auch die Vereinigungen der weltlichen Ritterorden. Sie nahmen zum äußeren Zeichen auch das Kreuz an, doch unterschieden sich von jenen einfachen Sinnbildern ihrer geistlichen Mitbrüder durch Einmischung mehr weltlicher und irdischer Zierden, mannigfacher Farben, kostbarer Steine und edler Metalle. Die Folgezeit änderte und modelte daran und fügte Bänder und Steine hinzu, die wir jetzt in so bunter Menge und Form überall erblicken. Aber auch die ursprünglich guten und frommen Zwecke dieser Gattung von Ritterorden hat sie verändert oder gänzlich verwischt, und gegenwärtig haben sie nur die Zwecke: den Glanz und die Pracht der Höfe zu erhöhen und zur Belohnung und Auszeichnung des Verdienstes, der Treue, der Geburt und hoher Ehrenstellen zu dienen. Nur wenige der älteren Ritterorden machen es noch ihren Mitgliedern zur Pflicht, den christlichen Glauben zu verteidigen; doch möchte ihnen zur Erfüllung derselben teils die Gelegenheit, teils der Wille fehlen, und von diesem frommen Zweck reden daher nur noch die Statuen. Die Anzahl aller jetzt blühenden Orden wird man nicht zu hoch auf neunzig anschlagen können, wovon zwei Drittel erst seit dem Jahre 1701 und unter diesen wieder dreißig erst im laufenden Jahrhundert hervortraten. Im zugenommenen Glanze der Höfe und in dem Außergewöhnlichen unserer Zeit mag wohl der Grund der großen Vermehrung solcher Bänder liegen, die freilich ein wohlfeiler Preis für Mühe und Arbeit sind. Ob es gut war, ihre Zahl so bedeutend steigen zu lassen, ob es gut sein wird, sie noch immerfort zu mehren, ob der Wert, den sie haben können, durch ihren Anwachs und die daraus entstehende häufigere

Verteilung nicht geschwächt und endlich Lauheit gegen die vor einem Jahrhundert noch höchst ehrenvolle Auszeichnung durch einen Orden erzeugen wird? Das sind Fragen, deren Beantwortung hierher nicht gehören möchte.«

Friedrich Gottschalck
Herzogl. Anhalt-Bernburgischer Assistenzrath (1817)

Von der Corona Aurea zum Pour le Mérite

Wer könnte sich Cicero mit dem Maximiliansorden um den nackten Hals vorstellen? Oder gar den ehrwürdigen Cato mit dem niederländischen Orden für Verdienste um die Pockenimpfung? Nun, das alte Römerreich kannte durchaus schon ähnliche Auszeichnungen. Wohl belohnte es vielfach mit Landgütern, Vorrechten, Titeln, durch Dotation verschleierten Honoraren in allen Höhen und sonstigen handgreiflicheren Ehrungen – aber wenn es sich um einen Feldherrn handelte, gab es schon gleißenderen Lohn. Ja, der Imperator, der siegreiche, wenn er im (vom Senat bewilligten) Triumph durch die protokollarisch festgelegten Ehrenstraßen zum Kapitol ziehen durfte, und viele seiner siegreichen Offiziere, wurden bekränzt, bekrönt, mit Ketten behängt und – höher besoldet. Immerhin, man unterschied sorgfältig und sparsam zwischen öffentlichen und persönlichen Ehren. Die einen waren zugleich ein Spaß für das Volk auf der Straße, die anderen betrafen den verehrungswürdigen Träger selbst und mußten angefertigt werden: Kronen, Plaketten, Ketten, Armbänder.

Wer also einen Triumphator begleitete, genoß die Ehre, Anteil zu haben an der fulminanten Schaustellung: »Seht Euren Sieger, seht das siegreiche Heer, unsere (später blauen, feldgrauen, braunen, khakifarbigen) Jungs, die Zierde des Vaterlandes!« Dazu war nötig – außer dem erwähnten Mehrheitsbeschluß zur Bewilligung dieses Spectaculums –: ein im Marstall appellfähig gehaltener Triumphwagen aus Gold im staatlichen Schmucke der römischen Embleme, der Sieger selbst, sein Heer, dessen

Gefangene und der Senat (möglichst vollzählig). So bewegte sich dieser farbige, frohe und festliche Zug unter Fanfarenmusik und Trommelgerumpel durch Rom.

Freilich hatte man auch da feinsinnige Abstufungen: wem der große Triumph nicht zugebilligt werden sollte oder konnte, der bekam bloß die *Ovation*. Das war auch ganz nett, fast ebenso feierlich und ehrenvoll, aber eben nicht ganz so aufwendig, eine Art Volksausgabe der höchsten Ehre. Schließlich konnte man einem besonders verdienten Kämpfer – es mußte kein alter sein – die »spolia opima« bewilligen; da wurde die Beute, schön dekoriert, im Hausflur des Tapferen ausgestellt. Nachbarn und Freunde hatten ihre Freude dran, und erst die liebe Familie! »Unserm Quintus ham' se de Beut' in der Floor jestellt, dat wor woll ne feine Kääl in Jermanien.« Doch, wie gesagt, das war alles noch öffentliche Sache, hier betraf's den Senat, die Obrigkeit, das Gemeinwesen, das sich quasi in der Figur eines der Ihren selbst bestätigte als ruhmvolles, ehrenhaftes und siegreiches Unternehmen.

Kronen und Kränze bekam dann der einzelne Soldat, sofern er es verdiente oder wenn es der Centurio für angebracht hielt und der Kohortenchef ihn eingereicht hatte. Mit Gold fing es damals schon an – beziehungsweise hörte es damit auf, denn hinterher gab's nichts mehr darüber hinaus: wer die *corona aurea* hatte, trug gewissermaßen den *Pour le mérite* im alten Rom. Die *corona aurea* war der Lohn für bezeugte Tapferkeit. Aber man ging sehr ins Detail bei der Auszeichnung einzelner Taten. Wer etwa zuerst ins feindliche Lager eingedrungen war oder den Fuß zuerst auf den Wall der feindlichen Befestigung gesetzt hatte, bekam die *corona castrensis vel vallaris*. So ging es den ziemlich langen Katalog der Taten abwärts; bei den Seeleuten war die entsprechende Dekoration *corona navalis vel rostrata* der Lohn für diejenigen, die mutig im maritimen Nahkampf die feindlichen Schiffsschnäbel erklommen hatten und an Deck des Gegners geklettert waren.

Dem siegreich heimkehrenden Feldherrn stand der Lorbeerkranz um die Schläfen zu, weshalb seither derselbe zum unausbleiblichen Theaterrequisit geworden ist, auch wenn gerade nicht »Triumph« gegeben wird. Für Bühneninspizienten hat Julius Caesar eben immerzu Ovation von seinem Senat gekriegt. Es pflanzt sich dieses Ausstattungsübel bis zum Prinzen von Homburg fort, bei dem – siehe Kleist – der Triumph doch ziemlich gefährdet war. Aber das sind so poetische Marotten. Wer hält als Abonnent der Reihe A bis D – montags – den Lorbeerkranz noch für eine altrömische Kriegsauszeichnung? Zwischen der ausführlich gegliederten langen Reihe der militärischen Auszeichnungen und dem höchsten Tapferkeitszeichen stand jedoch – so zivil war der römische Staat – die *corona civica*, die römische Lebensrettungsmedaille. Sie erlaubte Zutritt bei Senats-Sitzungen und freien Eintritt im Amphitheater, wobei sich jedesmal die Volksversammlung zu Ehren des Kronenträgers zu erheben hatte!

So dicht liegen die Verdienste um Leben und Tod beieinander.

Was sonst noch zu belohnen war an kleineren Zeugnissen hervorragender Tapferkeit oder einzelner Leistung im Kriege, wurde mit goldenen Ketten, Armbändern und Helmschmuck, durch Spangen und Steckornamente abgegolten. Wenn auch das alles vergeben war, kam man überein, ein Festmahl zu schenken oder einfach den Sold zu erhöhen.

Warum wird das alles hier berichtet?

Weil hier schon alles da ist, was sich seitdem nur wenig geändert hat. Aus den Ketten werden die vornehmen Großkreuz-Collanen, aus den in die Toga gesteckten Spangen entwickeln sich die Steck-Kreuze der Offiziersklassen so vieler Orden, der Helmschmuck wird zur Paradeausstat-

tung der Garde-Regimenter und zur Zierde des Generals-
hutes. König Friedrich Wilhelm III. gab seinen verdienten
Generalen Güter in Preußen, ebenso wie sein späterer
Nachfolger nach dem Frankreichkriege 1870/71 Männer
wie Roon und Moltke mit Schenkungen bedachte und
endlich Hitler seinen höher klassifizierten Ritterkreuzträ-
gern »nach dem Endsieg« Ländereien vom Staatsgut versprach. Die große Revolution in Frankreich, die mit den
royalistischen Privilegien auch das Ordenswesen abge-
schafft hatte, besann sich auf die römischen Bräuche und
verlieh ihren Legionären Ehrenflinten, Ehrentrommel-
schläger und Ehrentrompeten – in Erinnerung an die *hasta
pura*, die dem antiken Legionär (der wirklich noch einer
gewesen war) zum Zeichen allerhöchsten Wohlwollens verliehen wurde.

Es hat sich also mithin gar nichts verändert?

Wer so fragt, will es genau wissen. Was und wie geändert
wurde oder »sich änderte«, soll nun in einem kleinen
Streifzug durch die Ordensgeschichte verfolgt werden – so,
als seien alle Ketten in Gold und Silber, alle Bänder in
Seide und Rips und alle Dienstschnallen der Originalorden
locker verflochten, – ein Zopf durch die Zeiten – als
vergnügliches Band durch die Geschichte erhalten, bis in
unsere ganz zu Unrecht nüchtern gescholtene Gegenwart.

Die Kreuzzugs-Zeit
oder Wie man einen Ritterorden gründet

Würde sich heutzutage jemand unter auch nur annähernd gleichen Umständen auf den Weg von Mitteleuropa nach Palästina machen wie die vielen Hunderte Angehöriger alter Geschlechter, die mit mehr oder weniger starker Mannschaft, zu größeren Verbänden zusammengeschlossen, päpstlichen Aufrufen folgten und das Heilige Land zurückerobern wollten? Die tieferen Antriebe zu diesen verschiedenen und am Ende politisch wie militärisch vergeblichen Unternehmen entstammen wahrscheinlich den immerwährenden geheimen Illusionen der Menschheit, die ihre tatenfrohesten und phantasievollsten Vertreter nun einmal nicht zur Ruhe kommen lassen. Kriegerisch unternehmungslustig mit einem gehörigen Schuß Abenteuerei brachen die Ritterscharen auf, unter dem Banner hohen religiösen Leitgedankens, gelöst von ihrer Vergangenheit, ganz der vagen Möglichkeit ausgeliefert, dem eigenen Mut, der persönlichen Tapferkeit, dem Talent zum Unbekannten.

Die Männerbünde jener Zeit, bisweilen auf antike Vorbilder sich berufend, schlossen sich zusammen in dem befreienden Gefühl absoluter Unabhängigkeit, Freiheit und selbstbewußter Kraft. Das große Abschütteln der lästigen Gegenwart, das Aufbrechen ins Unbekannte – es scheint, als ob täglich irgendwo in Europa so geartete »Kreuzfahrer« sich in den Sattel schwängen, freilich nicht mehr mit dem Motiv »Gott will es!«, sondern mit allerlei fadenscheinigeren Ausreden, aber immerhin, sie geben ihren chromglänzenden Rössern die Gas-Sporen und brausen ab in ihr heiliges Land. Auch sie kommen meist nicht an, kehren zuvor um – wenn sie Glück haben, rechtzeitig – und geben auf. Doch nur für dieses Mal, bis es sie wieder juckt und abermals das Unternehmen gestartet wird, und so fort. Aber wie man aus Zitaten und Kalendersprüchen weiß, ist Ankommen ja nicht so sehr wichtig. Unter diesem Gesichtspunkt betrachte man die Wege von damals und heut. Vielleicht wird man sich selbst unter jenen entdekken, die da in der heißen Balkansonne durchs Gebirge ziehen, Schwabenstreiche vollbringen und zuletzt vom Kaiser selbst belohnt (und belehnt) werden. Namen spielen keine Rolle, und in wieviel Teile der säbelschwingende Störenfried auseinanderklappt, ist eine Frage der Fechtkunst. Die Apotheose der feierlichen Belohnung durch den Souverän – sei er Person oder Institution –, hat immer interessiert.

Nachdem die ersten großen Ritterorden erst einmal gegründet waren, wuchs die Beliebtheit solcher Stiftungen ins Unübersehbare. Wer weiß, wie viele verschiedene Rittervereinigungen es nach dem Vorbilde der Templer, Johanniter und Deutschritter gegeben haben mag, niemand kann heute noch die genaue Zahl der großen und kleinen Gründungen übersehen, sie sind Legion. Es war eine jener seltenen, aber dauerhaften Ideen, die, einmal irgendwo realisiert, sich fortzeugen in mancherlei Gestalt und trotz mannigfacher Abwandlungen immer ihre Kraft und Faszination behalten oder erneuern.
Der Gedanke, den maladen Pilgern in Feindesland ein Obdach zu geben, sie zu pflegen und ihnen militärischen Schutz zu bieten, war eine von diesen Ideen. Sie lag auf der Hand wie alle guten Einfälle, einer mußte sie nur eben tatkräftig zur Wirklichkeit werden lassen. Die hübsche Geschichte jener italienischen Handelsleute ist ja ziemlich bekannt, die das Übel eines Tages leid waren und kurzer-

hand mit dem heidnischen Feind in Geschäftsverhandlungen traten, Land und Grund erwarben und ein Kloster gründeten. In alten Chroniken steht zu lesen, daß sie dem Heiden allerlei bieten mußten, ehe er sich zu dieser Lösung bereit fand. Man kann das heutzutage wahrscheinlich viel besser verstehen, weil die Zeiten merkantiler geworden sind: die wendigen Italiener haben dem Türkenpascha in seiner Art, das Leben zu sehen, nämlich auf der Basis des Warenhandels, einen Vertrag geboten. Sie werden ihrem Vorhaben mit mancherlei dienlichen Gaben nachgeholfen haben, man gab sich seinerzeit nicht so spröde in der Wahl der Mittel. Es war ein regelrechtes Gegenseitigkeitsgeschäft. Und warum eigentlich nicht? Wären die kulanten Italiener nicht darauf gekommen, gäbe es keine Ritterorden, und eine Menge edler Geschlechter wäre schon damals mit dem Hinsiechen ihres Urahns erloschen. So aber kamen die angeschlagenen Krieger, Büßer und Landfahrer in eine ordentliche ärztliche Behandlung, genasen und fanden zuweilen diese Einrichtung so anziehend und die Leute so sympathisch, daß sie gleich dablieben, sich dem Orden anschlossen und ihrerseits halfen, schützten und kämpften, wo es nötig war. Praktische Selbsthilfe der Kreuzfahrer.

Ob das alles von Anfang an im Sinne der Kaufleute war, mag dahingestellt bleiben, sie geben es natürlich vor, aber man darf es mit Fug anzweifeln. Wo hätte ein praktischer Kaufmann schon vor dem Geschäftsabschluß ideelle Vorstellungen gehabt! Und gar Ritterorden zu gründen, das lag doch wohl schon damals recht jenseits der Einsichts- und Dispositionssphäre eines gewandten Managers. Immerhin, sie waren die ersten und gaben den Anstoß. Ehre ihrer Idee!

Bald war die Methode ruchbar: in Rom hatte man die neue Regung der europäischen Ritter sehr bald bemerkt und erlaubte es jedem adligen Manne, sich mit anderen zu einem geistlichen Ritterorden zu formieren, die päpstliche Lizenz folgte gewöhnlich bald nach. Nun wuchs es auf dem Wege vom Heiligen Land bis zurück in die Heimat an mancherlei Plätzen wie Pilze aus der Erde: die einen gründeten ihre Orden, um den erworbenen Platz zu verteidigen, die anderen, um den ihren zu erringen; wieder andere, um das, was sie auf dem Wege zum Ziel erobert hatten, zu bewahren; andere, um ihren Rückzug zu sichern – Gründe und Motive gab's genug und Namen auch. Wozu hatte die Kirche ihre Heiligen! Was für mannhafte Gestalten gab es darunter, welche Vereinigung von Glauben und Mut zur Ehre Gottes. So wählte denn eine große Zahl der Ritterorden später den heiligen Erzengel Michael zum Patron oder den hl. Georg, den Drachentöter, oder den hl. Gereon, der selbst einst Feldhauptmann und Legionskommandeur gewesen war. Manche hielten es gleich mit der Gottesmutter selbst oder mit einer weiblichen Heiligen, die während ihrer Erdenzeit mannhaft aufgetreten war, wie etwa die hl. Katharina.

Eine Gruppe fand sich im Zeichen des armen *Lazarus* zusammen; sie gründete ihr Hospital in Jerusalem ungefähr zur gleichen Zeit wie die Johanniter. Diese Ritter verzichteten von Anfang an auf die militärischen Ehren, die ihnen aus den Kämpfen mit den Ungläubigen erwachsen konnten, und beschränkten sich demütig auf die Pflege der Verwundeten und Kranken. Der arme Lazarus war für diesen Vorsatz der rechte Patron, und so gingen denn bald die Unternehmung und sein Name eine Union ein, die heute noch besteht: diese Hospitäler hießen Lazarette. Der heilige Eifer für diese Sache wurde bisweilen so weit getrieben, daß der Großmeister dieses Ordens selbst ein Aussätziger sein mußte. Den Aussätzigen, also den mit tropischen Krankheiten behafteten Europäern, galt nämlich die besondere Fürsorge des Ordens, und wer von den Rittern eine dieser Krankheiten erlitt, war von vornherein als Ordensbruder willkommen. Der französische König zog 1154 einige Lazarusritter in seine Heimat und gab ihnen Schloß Boigny bei Orléans als Sitz und die Aufsicht über alle Spitäler Frankreichs dazu. Eines der Schlösser und Spitäler lag in der Hauptstadt, und so kann der Parisbesucher einen Zipfel der uralten Tradition im Quartier Saint-Lazare fassen, wenn er sich in die Anfänge des französischen Krankenhauswesens hineindenkt. Es lag hier in der Natur der Sache, daß auch Frauen in den Orden aufgenommen wurden. Kein Wunder also, daß die adligen Damen dieses Ordens als Ritterfrauen des hl. Lazarus sehr bald einen ebenso guten Ruf über das christliche Abendland hin verbreiteten wie ihre unmilitärischen Brüder und Herren. Wie bei allen frühen Ordensstiftungen bestand das einzige Abzeichen dieses Ordens aus einem farbigen Kreuz, das auf den Mantel geheftet war. Die Lazarener trugen ein grünes, und zwar – nachdem Papst Leo X. den Orden wiederhergestellt hatte – ein achtspitziges auf einem schwarzen Waffenrock mit weiten Ärmeln.

Die weise Beschränkung dieser Ritter auf nur einen Teil der Ordensziele hatte dem Orden eine lange Wirkungszeit in der Praxis der Hilfsbereitschaft eingetragen. Zuvor waren nämlich viele der so freimütig und unternehmungslustig gegründeten Rittervereine durch die üblichen Anfechtungen der irdischen Wechselfälle abgesunken in dumme Rivalität und Machtgier. Es war bald aus mit der Mehrzahl von ihnen, und die Lazarusritter hatten gut daran getan, es mit der christlichen Samariterfreude zu halten, die jedem dient, der es nötig hat.

Wer will, kann hier eine Art vorgeahntes Rotes Kreuz, wenigstens der geistigen Verwandschaft nach, sich hinzudenken. Auch Dunant war ja Kaufmann, Bankkaufmann aus Genf, er hatte angesichts der Opfer auf dem Schlachtfelde von Solferino den spontanen Gedanken, den armen

Teufeln zu helfen und sich um die Opfer des Ruhms zu kümmern. Die Lazarusritter taten Ähnliches, auch ihnen war die Lust am Kriegsruhm vergangen, und sie ließen den Opfern zugute kommen, was die Feldherrn und Politiker aus immer neu geheuchelten Motiven den gleichen Menschen, die sie auf die Kriegsschauplätze geführt haben, zu versagen pflegten.

Der heiligen *Katharina* geweiht hatte sich eine Gruppe von Rittern, um allen Pilgern Geleit zu geben, die zum Grab der Katharina zogen. Dies war mithin eine Spezialtruppe, abgestellt nur für diesen Auftrag: Pilgergeleit in Richtung Katharinengrab. Daher konnte hier nur Aufnahme finden, wer eine Wallfahrt zu dieser heiligen Stätte hinter sich gebracht hatte. Die Katharinenritter gruppierten sich in den sechziger Jahren des 11. Jahrhunderts, ihr Zeichen war das Attribut der Heiligen: ein halbes Rad, das von einem roten Schwert blutig durchgestochen ist. Mag diese kleine Ordensstiftung gegenüber den großen Ritterorden unbedeutender gewesen sein, sie besaß und wahrte die Exklusivität einer unter einem selbstgewählten begrenzten Auftrag zusammengeschlossenen Gruppe von Leuten, die genau wußten, was sie wollten, und getreu zu ihrem Vorsatz standen. *Katharinenritter* waren wenige, aber sehr feine Leute. Das halbe Rad mit dem blutigen Schwert querdurch zierte den weißen Mantel einer höchst vornehmen Gesellschaft.
Ähnlich gesondert von der großen Menge der Ordensgründungen waren die *Blasiusritter*. Ihr Orden soll ungefähr gleichzeitig mit dem der Templer gegründet worden sein, und sie führten auf weißem Mantel ein rotes Kreuz mit dem Bilde des hl. Blasius darin. Ihre geistlichen Mitglieder befaßten sich vor allem mit Missionsaufgaben, die weltlichen Herren kämpften gegen die Ketzer. Da der Schwerpunkt des Ordens in Armenien lag, kamen vor allem die heidnischen Armenier in Betracht.

Diese beiden kleinen Rittergesellschaften weichen schon ab von der Einfachheit des Abzeichens: nicht mehr das Kreuz allein, wenn auch in geringer Variierung der Form und in anderer Farbe, ist es, das zum Kennzeichen und Abzeichen wird, sondern die Signete der Heiligen Patronin bzw. das Bild des Patrons selbst werden gewählt. Das ist schon eine Abart, ein Rutsch ins »Private«, wenn man will. Mögen die *Johanniter* das weiße achtspitzige Kreuz auf ihren schwarzen Mänteln tragen und die *Templer* das rote, die *Deutschritter* Schwarz-Weiß gewählt haben, hier begnügt man sich nicht mit dem Zeichen des gnadenbringenden Gottessohnes, man wählt etwas Besonderes. Es ist ein Anfang der Formgebung für alle Ordenszeichen der Zukunft bis in unsere Zeit.

Mit den *Gereonsrittern* stand es nicht viel anders. Ihr Ordensstifter war selbst ein Heiliger, der hl. Stefan nämlich. Er hatte das Patriarchenkreuz auf das ungarische Wappen gesetzt (über die berühmten drei Berge) und durfte dieses Kreuz mit Erlaubnis des Papstes vor sich her tragen lassen, weil er Verdienste um die Missionierung Ungarns aufzuweisen vermochte, die ihm den Titel eines »Apostels Ungarns« eingebracht hatten. Die Träger dieses Kreuzes, so heißt es, nannten sich nach dieser ehrenvollen Funktion Kreuzträger und machten aus ihrem Ehrendienst eine Ehrensache, indem sie einen Orden für alle stifteten, die dafür in Frage kamen. Diese Kreuzträger sind die Nachfolger der Ritter vom »Orden des hl. Gereon«, die ebenfalls das Patriarchenkreuz führten. Der Papst schien das ganze Unternehmen ebenso zu schätzen wie den Ordensmeister, denn er erhob den hl. Stefan im Jahre 1000 zum König von Ungarn.

Hier ist also auf eine direkte Beziehung zu den Kreuzzügen, soweit sie auf das Heilige Land abzielten, verzichtet. Kreuzzüge können schließlich nach überallhin gehen, wo christliche Tatkraft vonnöten ist. Also vollzieht sich gleichzeitig, am Wege nach Palästina sozusagen, ein paralleler Vorgang. Und noch etwas ist hier wichtig: aus einer Ehrenaufgabe erwächst die Zugehörigkeit zu einer Nobilität, die Ordenscharakter hat. Von hier führen gerade Linien zu späteren Ordens-Satzungen.

Orden von Cypern nannte sich eine dieser alten Gründungen. Das ist wieder etwas Neues: der Name kommt vom Sitz des Ordens. Dem lag eine gewisse Resignation zugrunde, denn Guido von Lusignan hatte sein Königreich Jerusalem 1192 an Richard Löwenherz abgegeben. Genauer, er hatte es getauscht, eben gegen die Insel Cypern. Es war quasi der maritime Vorposten, dem Gefechtsfeld vorgelagert, eine wichtige und begehrte Stellung, von der der Besitz des Heiligen Landes zwar nicht gerade abhing, wohl aber sehr wesentlich gesichert werden konnte. Auf eine andere vorgelagerte Insel zogen sich ja nach dem Verlust des umstrittenen Landes auch die Johanniter zurück, auf Rhodos nämlich, weshalb sie lange »Rhodesierritter« genannt wurden. *Guido* stellte also aus dreihundert französischen Rittern und Brüdern auf Cypern diesen nach dem Territorium seiner Wirksamkeit benannten Orden auf und machte ihm die Verteidigung dieser Insel zur Aufgabe. Das war weiß Gott genug, denn die Mauren ließen es nicht tatenlos geschehen, daß sich unablässig Europäer um Palästina kriegerisch bemühten, sie traten in oft äußerst geschickten Gegenangriffen ebenso unermüdlich dieser christlichen Invasion entgegen und erzielten wesentliche Erfolge durch den Einsatz ihrer Flotte. Dies hat später den Maltesern das Leben empfindlich erschwert. Das war dann wieder ein Parallelfall: Malta bekam der von Rhodos vertriebene Johanniterorden vom Kaiser als Lehen zugewiesen und übernahm dort die gleiche Aufgabe, wie sie Guido auf Cypern lösen wollte.
Beide Bemühungen waren vergeblich; Malta mußte den

Engländern überlassen werden, obschon der Papst und der Wiener Kongreß die Rückgabe an die Malteser verfügt hatten, und Cypern wurde von der Witwe Jacobs von Lusignan an den Seestaat Venedig abgetreten.

Die Venezianer machten ein gewaltiges Bollwerk aus Cypern. In Shakespeares »Othello« erhielt die Weltliteratur ein Meisterwerk, dessen Handlung sich vor dem Hintergrund der Kämpfe um Cypern abspielt, und Verdi schuf in seiner gleichnamigen Oper eines der Prachtstücke italienischen Musiktheaters.

Guido hatte seine Cypernritter ganz besonders ausgestattet, und das ist einer der Gründe, weshalb hier so ausführlich auf diesen kleinen Orden eingegangen wird. Diese Ritter trugen keinen Mantel, sondern eine Kette um den Hals; in weißer Seide waren da Zweifelsknoten aneinandergeflochten, zwischen denen die Buchstaben R und S wechselten. Vorn hing eine goldene Medaille, auf der ein blankes Schwert mit silberner Klinge und goldenem Griff von der Inschrift »Securitas regni« umrandet war. Man hat die R und S in der Kette auch anders gedeutet, etwa »regium silentium« oder »secretum societas«. Das gäbe der Gemeinschaft einen geheimen Charakter, etwas Logenhaftes. Wer weiß, ob das stimmt. Die metallene Kette, an der das Signum in Form einer Medaille hängt, ist hier neu. Es ist ein frühes Beispiel für alle kommenden Großkreuzketten, oder, wenn man will, auch für die Kommandeursklasse der folgenden Verdienstorden.

In ähnlicher Weise mit dem Ort der Gründung verbunden war der *Orden von Unserer Lieben Frau zu Albrac*. Mit einer Räubergeschichte begann es: Alard, der Vicomte von Flandern, war bei der Rückkehr von einer Wallfahrt zu dem wundertätigen St. Jago di Compostella im gebirgigen Gelände von Albrac überfallen worden und hatte der heiligen Jungfrau gelobt, für seine Errettung an dieser Stelle Hospital und Orden zu gründen.

Er übernahm, in loser Anlehnung an die Gliederung der alten Ritterorden, den Aufbau der geistlichen Ritterorden, erweiterte den seinen aber auf fünf Gruppen; da gab es Priester für den Gottesdienst, die Ritter für die militärischen Aufgaben, außerdem geistliche Laienbrüder, sodann Donaten für die Handarbeiten in Spital, Meierei und Feld, und zudem ritterliche Frauen, die mit Mägden die unausbleiblichen Hausfrauenpflichten übernahmen. Ein kompletter Hausstand also, ein unabhängiges Hofwesen, ein kleiner Staat für sich. In der Tat liegen in diesen frühen Ordensgemeinschaften bereits alle Züge für die späteren großen Ordensstaaten in der Anlage verborgen. Was sich hier im Rahmen der Ordensgemeinschaft nützlich und einleuchtend vollzog, wurde zum Modell für die weiten Territorien, über die Johanniter, Templer und Deutschritter jahrehundertelang herrschten. 1122 hatte Alard sein Gelübde einzulösen begonnen, bereits 1162 war sein Orden von Papst Alexander III. bestätigt worden, und je mehr das Albracenser Unternehmen wuchs, Einfluß und Ruhm gewann, sich ihm andere Spitäler unterstellten und die Machtsphäre wuchs, desto dringender betrieben die Johanniter und Templer die Vereinigung dieses Liebfrauenordens mit ihren größeren Organisationen. Aber die Albracenser blieben für sich, bis Ludwig XIV. das Großmeistertum 1697 mit der Krone Frankreichs vereinigte. Von nun ab vergab er die Kommenden, schuf einträgliche Pfründen und verwirtschaftete den guten Ruf des Ordens durch willkürliche und parteiliche Eingriffe, bis die Revolution 1789 allem ein Ende setzte. Zwar wurde 1815 eine Restauration versucht, aber Vertanes läßt sich nicht wiederbeleben.

Der heilige Georg und seine Ritter auf Erden
oder Wie man einen weltlichen Ritterorden gründet

Man suchte sich starke Patrone. Der beliebteste wurde der heilige Georg. Ein Ritterorden ist von ihm gewiß gut behütet, er war ja gewissermaßen Standesgenosse, Amtsbruder, Kamerad. Wenn am 23. April überall in europäischen Landen der Georgstag festlich begangen wurde – etwa in München, wo bis 1918 nach Gottesdienst und Parade der Monarch als Ordensherr des bayerischen St. Georgsordens im prächtigen Ornate den Zug der Georgsritter anführte und die einzelnen Ordensmitglieder, von Pagen geleitet, die Front des Inf. Leib-Regiments abschritten auf dem Wege von der Georgskapelle zum Hofgarten –, da gedachte man dieser kraftvollen Gestalt aus der Schar der vierzehn Nothelfer. Georg soll aus Kappadozien stammen und Offizier im römischen Heer gewesen sein, ehe er um 303 den Märtyrertod erleiden mußte. Der Drachentöter ist mit seinem Bilde seither auf den Kriegsorden vieler Staaten zu sehen. Der höchste russische Tapferkeitsorden war ihm gewidmet, und das schwere Goldcollier, das an der Großkreuzkette des britischen Hosenbandordens hängt, zeigt die gleiche Szene. Auch das Großkreuz-Oval dieses höchsten englichen Ordens weist eine Darstellung der Drachentöterszene auf, umflochten von dem Bande mit der berühmten Aufschrift »Honni soit, qui mal y pense«. Im Mittelalter gab es einen weitverbreiteten Ritterbund in Süddeutschland, die Georgsritter, die Macht und Ansehen mit höchsten, überall respektierten moralischen Qualitäten vereinten.
Als der edle Ritter Philibert von Miolans 1390 aus dem

Morgenlande heimgekehrt war, hatte er in einer kostbaren Schatulle eine hochheilige Reliquie des ritterlichen Heiligen mitgebracht. Um die bedeutenden Zeugnisse eines tapferen und heiligmäßigen Lebens, das durch die Märtyrerkrone vollendet war, ließ er in der Gegend der Ortschaft Rougemont eine Kapelle errichten und lud seine Standesgenossen aus der Grafschaft zur feierlichen Einweihung. Von der Bedeutung und Einmaligkeit solch wichtigen Besitzes überwältigt, gelobten die Grafschaftler, jedem Gottesdienst beizuwohnen, der vor der Reliquie des Heiligen stattfinden sollte. Zu diesem Zwecke gründeten sie eine Bruderschaft und wählten als Stabmeister, »Batonier«, besagten Ritter Miolans. Als Gegengabe schenkte er dem neugebildeten Ritterverein ein Ordenshaus in Rougemont.

Der burgundische Orden machte später die Anciennität der Mitgliedschaft zur Grundlage der Rang-Hierarchie. Jeweils am St. Georgstag wurde ein festlicher Gottesdienst in der alten Kapelle gehalten, an den sich die Jahresversammlung aller Ritter anschloß. Alle fälligen Ordensangelegenheiten wurden da verhandelt, auch die Beiträge festgesetzt. Das Amt des Stabmeisters sollte jährlich wechseln, wer es verweigerte, zahlte Strafe. Jeder Ritter durfte sein Wappenschild im Ordenshaus aufhängen; wer aber gegen die Satzung verstieß, wurde bestraft oder gar ausgeschlossen, sein Wappen von der Wand entfernt. Am Georgstage hatte der Stabmeister den Brüdern Brot und Wein vorzusetzen, abends dann etwas Gebratenes »mit zweierlei gutem und reinem Wein, jedoch ohne Übermaß«. Die Reste verteilte der Prokurator unter die Armen.

Diese Ordnung wurde später zum Muster aller Ordensfeste nicht nur der europäischen Georgsritter, sondern vieler anderer Ritterorden. Auch in München konnte man im Altarraum die Wappenschilde der Georgsritter hängen sehen, auch hier waren Gottesdienste, Festessen und Versammlung die Hauptpunkte der Tagesordnung zum Georgsfeste.

Der alte burgundische Georgsritterorden hatte sich bald auch eine ritterliche Schwesternschaft beigeordnet. Die »Damen von Rougemont« trugen ebenfalls das Bildnis des Heiligen zu Pferde mit dem Drachen zu Füßen an einem blauen Bande um den Hals.

Der ritterliche Verein in Rougemont hat lange bestanden, er erfreute sich allgemeiner Beliebtheit und hatte eine große karitative Reichweite. Das alte Stabmeisteramt hörte 1569 auf, seitdem gab es einen Gouverneur der Bruderschaft. Über die Satzungen heißt es:

»Der Verband wurde inniger und freundlicher, auf brüderliche Gegenseitigkeit und Hilfte für manche Vorkommnisse und Unfälle des Lebens berechnet. In allem sollten die Brüder freundlich und einander behilflich sein, in Not einander unterstützen, in Gefahren beistehen, einer für alle und alle für einen, jeden gefangenen Bruder sollte der Verein oder jeder einzelne vermögliche Bruder auslösen, Witwen und Waisen jedes Bruders sollten auf adlige Unterstützung des Vereins zu standesgemäßem Leben rechnen dürfen.«

Man sieht, wie weit der alte Ritterschaftsgedanke hier schon gespannt ist, zu einer sozialen Versicherungs-Vereinigung, einer gemeinsamen Abwehr von alltäglichen Wechselfällen. Der Ritterorden wird zur gesellschaftlichen Heimat der Standesgenossen, zur Versorgungsorganisation für die Angehörigen und deren Nachkommen, zur Sicherung gegen Not und Gefahr. Unter Ludwig XIV. bestand dieser burgundische Georgsorden noch – sein Abzeichen wurde vom französischen König bisweilen als Hoforden vergeben –, dann ist er ohne Aufsehen erloschen.

Kleinod, Kettenglied und Ordenszeichen des konstantinischen
St. Georgs Ordens des Königreichs Beider Sizilien.

Die Spanier wollten einen eigenen Georgsorden haben und schlossen sich daher 1201 zu Alfama zu einer solchen Gemeinschaft zusammen. Die päpstliche Bestätigung kam hier ziemlich spät, erst 1363 lizenzierte der Vatikan diesen Orden, der freilich recht bald (1399) schon wieder aufgehoben wurde, weil der in Spanien anerkannte Gegenpapst Benedict III. Maßnahmen aus Rom nicht gerne sah. Das Konzil zu Konstanz bestätigte später die Einverleibung der Georgsritter in den spanischen Orden von Montesa.

Weil die Statuten des Luccaschen Georgsordens so angenehm kurzgefaßt sind, mögen sie im Wortlaut hier erscheinen, zugleich stellvertretend für manche ähnliche und viele gleichformulierte Ordens-Statuten. Sie gehören zu einem verhältnismäßig späten Georgsorden und verankern die Voraussetzungen für einen regelrechten Militärorden des 19. Jahrhunderts. Sie lauten so:

Wir Karl Ludwig von Bourbon, Infant von Spanien, Herzog von Lucca etc. In der Absicht, allen Militärs unserer königlichen Truppen, welche sich ausgezeichnet haben oder künftig durch außerordentliche und große Dienste, sowie durch treue Anhänglichkeit gegen Unsere königliche Person sich auszeichnen werden, eine ehrenvolle Belohnung zu geben, haben wir decretiert

Art. 1 Eine Ehrenauszeichnung unter dem Titel des Ordens St. Georgs für Militär-Verdienst ist errichtet.

Art. 2 Dieser Orden soll zwei Classen enthalten; und die damit ausgezeichneten Militärs sollen den Titel »Ritter des St. Georgsordens für Militär erster oder zweiter Classe« führen.

Art. 3 Das Ordenszeichen besteht aus einem vierspitzigen Kreuz von Silber und hat in seiner Mitte auf der Vorderseite das Bild des hl. Georg, wie er den Drachen tödtet, und auf der Rückseite Unsere Namens-Chiffre.

Art. 4 Die Ritter erster Classe tragen dieses Kreuz auf der linken Brustseite ihrer Uniform an einem wei-ßen, auf beiden Seiten roth geränderten Bande, welches mit einer kleinen Rosette, Quaste oder Schleife geschmückt ist. Die Ritter zweiter Classe tragen gleiches Kreuz und Band, jedoch ohne Schleife.

Art. 5 Das Kreuz erster Classe für außerordentliche Lei-stungen und Dienste können erhalten:

a) Der General-Director der bewaffneten Macht nach dreijähriger Auszeichnung in diesem Amt.

b) Die Stabs-Officiere.

c) Die Officiere jedes Grades, sofern sie ein unab-hängiges Amt bekleidet oder selbstständige Un-ternehmungen ausgeführt, vorzüglich aber Un-serer königlichen Person und dem Staat sich nützlich erwiesen haben.

Art. 6 Das Kreuz zweiter Classe können Ober-, Unter-Officiere und Soldaten erhalten.

Art. 7 Unser Staatsrath und General-Director der bewaff-neten Macht ist mit Ausführung dieses Decretes beauftragt.

Gegeben zu Wien, am 1. Juni 1833

gez. Carl Ludwig
gez. A. Mansi

Nur sechs Jahre älter sind die Statuten des erwähnten hohen Georgsordens in Bayern, freilich sehr viel umfang-reicher. Sie beginnen mit der fürstlichen Einleitung »WIR Ludwig von Gottes Gnaden König von Bayern usw.« und enthalten in 36 Paragraphen höchst detaillierte Vorschrif-ten über alle Phasen des Ordenslebens. Nachdem das Ordenszeichen ausführlich beschrieben ist, folgt die Dar-stellung der Zeremonialkleidung, zuerst die des Großmei-sters, dann die der Großkreuzherren, darauf die der Commandeure und endlich der Ritter. Wenigstens die des Großmeisters sei hier mitgeteilt. Sie umfaßt den § 6 und lautet so:

»Die Ordenskleidung des Allerdurchlauchtigsten Groß-meisters besteht aus einem langen Talar aus hellblauem Samt ohne Armbekleidung mit Silber und Blau bestickten Rauten. Der Umschlag an den vorderen Theilen ist von weißem Atlas, worauf, wie auch um den ganzen Talar, eine reiche Silberstickerei läuft, inner der sich Königskronen und bayrische Wecken befinden. Der Talar ist ringsum mit Hermelin ausgeschlagen und die Fütterung von weißem Atlas. Das Pallium oder der Kragen besteht aus Hermelin und das Collet oder Unterkleid aus weißem Atlas. Der untere Theil des Collets, so mit dem Talar gleiche Stickerei hat, ist mit kleinen Bouillon-Silberfransen besetzt. Der Ordensstern wird auf dem Collet auf der linken Seite getragen. Die weißatlassene Schärpe, die über dem Collet um den Leib geht, ist auf der linken Seite mit einer Masche befestigt, in welcher das Ritterschwert hängt. Die Enden der Masche haben Fransen von Bouillon-Silber. Die Bein-kleider sind kurz, von weißem Atlas, mit Rosetten von Silberstickerei geziert. Die Strümpfe von gewöhnlich wei-ßer Seide; die Schuhe aber von weißem Atlas mit Silber-Rosetten. Der nach altburgundischer Sitte an der Stirne aufgebogene, mit einer Agraffe und sechs ganzen Blattfe-dern besetzte runde Hut ist von schwarzem Sammet, und die auf der Brust über das Pallium abhängende Halskrause von weißen Spitzen. Die Handschuhe von weißem Leder mit Silber gestickt. Das kurze Ritterschwert hat eine weiße Scheide; sein mit Perlmutter ausgelegtes Gefäß ist von Silber mit einer Kriegstrophäe. Unter derselben zeigt sich das geschmolzene Ordens-Kreuz mit dem heiligen Georg; den Knopf des Schwertes bildet eine königliche Krone. Das große Ordenskreuz wird auf der Brust an der Ordenskette, die vom Pallium abhängt, getragen.«

Diese prächtige Tracht war alljährlich die vorgeschriebene Bekleidung des Königs von Bayern, wenn er, wie beschrieben, in seiner Hauptstadt den Georgsrittern voranschritt aus der Kirche zur Parade und zur Ordensversammlung, zum Kapitel. Gewiß leben noch manche Zeitgenossen der königlich bayrischen Zeit, die ihren Monarchen vor dem ersten Weltkrieg einmal in dieser Ordenstracht gesehen haben.

Dieser bayrische Georgsorden wird von süddeutschen Historikern bis in die Kreuzzugszeit zurückverlegt, wo einige bayrische Herzöge ihn gestiftet haben sollen, so daß die urkundliche Stiftung des Kaisers Maximilian I. 1494 nur eine Erneuerung dieses herzoglich bayrischen Georgsordens gewesen wäre. Allerlei Mißgeschick hat dann die endgültige Regulierung der statutenmäßigen Voraussetzungen immer wieder verhindert, bis endlich Carl Albrecht, der Sohn des Kurfürsten Max Emanuel, am 28. März 1729 den Georgsritterorden wahrhaft ins Leben rufen konnte. Papst Benedict XIII. gab 1828 seine Bestätigung dazu und versah ihn mit den üblichen »Vorzügen, Ehren, Indulten und Privilegien, welche den hohen deutschen Orden von allen vorhergehenden Päpsten verliehen worden waren«. Die Statuten, aus denen § 6 oben zitiert ist, stammen von König Ludwig I. Es gab bei diesem Georgsorden übrigens zwei Zungen, eine deutsche und eine fremde, wobei Adlige mit ausschließlich deutschen Ahnen in der hiesigen Gruppe, andere in der fremden Zunge zu rangieren hatten. Wer um den Orden einkam, mußte – mit Ausnahme der königlichen Prinzen – einundzwanzig Jahre alt sein, Deutschland bereist oder an einem Feldzuge teilgenommen haben. Wer gegen den König von Bayern kämpfte, schied aus dem Orden für immer aus. Dem Georgsorden gehörten, durch zwei päpstliche Bullen bestätigt, eigene Geistliche an, ein Ordensbischof, ein »infulierter« Ordenspropst, ein Ordenskaplan und vier Diakone.

Höchst eigentümlich und originell hat sich ein anderer südlicher Georgsorden konstituiert, der *Orden des heiligen Georg in Kärnten*. Kaiser Friedrich III. soll ihn 1468 zu nicht mehr deutlichem Zweck gestiftet haben und ihm das staatliche Benediktinerkloster Mühlstadt bei Salzburg als Sitz zugewiesen haben. Dort hausten – sehr eigenartig – Ritter und Kapläne unter gemeinsamem Dache, legten alle die beiden Gelübde der Keuschheit und des Gehorsams ab, blieben aber zeit ihres Lebens Eigentümer ihres Vermögens, sowohl ihres Grundbesitzes wie ihres Geldes, freilich mußten sie das Verkaufsrecht abtreten: nach dem Tode verfiel ihr Besitz dem Orden!

Unter den verheerenden Türken- und Ungarnkriegen ging der kleine Orden rasch zurück, so daß der Hochmeister Johann Siebenhirter 1493 kurzerhand eine neue Gestaltung seiner Gemeinschaft vornahm, er gründete in Mühlstadt die *Bruderschaft des hl. Georg* und nahm auch weibliche Mitglieder auf. Nun war keine »regulierte Observanz« mehr zu halten, vielmehr gedieh man auf Versicherung zu Diensten auf Gegenseitigkeit: wer mit Waffen auf eigene Kosten sich an den Kriegszügen beteiligen wollte, konnte dies ebenso tun wie jene anderen Brüder, die im kaiserlichen Sold gegen die Türken fochten oder mit Geldspenden den Befestigungsbau unterstützten oder sich sonstwie als fördernde Mitglieder nützlich machen wollten. Eine lockere Gruppe von Ordensmitgliedern also nur noch, die ihren Eid auf den Kaiser schwuren, von ihrem Hochmeister militärisch und vom Bischof zu Gurk geistlich geführt wurden. Der Kaiser ließ sich ob solcher Hilfsbereitschaft nicht lumpen, verlieh den Brüdern den Titel »gekrönte Ritter« und dem Orden allerlei Privilegien und gab den Rittern sowie deren Nachkommen die Krone ins Wappen. Die Tracht dieser merkwürdigen und einmaligen Rittergruppe war ebenso außergewöhnlich: ein der Soutane ähnlicher langer Leibrock mit breiter Binde, der von beliebiger

Farbe sein konnte, nur durften kein Rot, Grün und Blau vorkommen. Es blieb also eigentlich nur eine Art Feldgrau in mancherlei Schattierungen übrig. Dies war auch die »Farbe« dieser Georgsritter, die auf der linken Brust – eine Erinnerung an die ersten Ritterorden der Kreuzzugszeit – ein Kreuz aufgenäht hatten. Später trug man eine goldene Kette mit einem eiförmigen Schilde daran, auf dem ein rotes Kreuz mit einer Krone zu sehen war.

Während der Religionskriege ging es dem Mühlstädter Orden schlecht, er wurde überfallen, ausgeraubt, endlich überwältigt, und schließlich gab Ferdinand II. 1598 die Mühlstädter Güter den Jesuiten.

Auch in Deutschland wurde versucht, eine größere Georgsritterschaft zu gründen. Kaiser Maximilian I. hatte 1503 eine Stiftung des Herzogs Wilhelm von Jülich-Cleve-Berg, Rudolf Fürst von Anhalt, Eitel Friedrich Graf von Zollern, Felix Graf von Wardenberg und vieler anderer Ritter als »Ritterschaft des hl. Georg« ausdrücklich gebilligt und sich an deren Spitze gestellt, aber dieser so hoffnungsvoll begonnenen Institution war kein langes Leben beschieden.

Sogar im Kirchenstaat hat es zwei Georgsorden gegeben. Der eine war von Papst Alexander VI. bei der Inthronisierung gestiftet und von Gregor XIII. wieder aufgehoben worden. Er hatte der Veredlung des Lebenswandels der Ritter und der Verteidigung des katholischen Glaubens dienen sollen und führte eine goldene Medaille mit dem Bilde des Drachentöters. Der andere stammte von Paul III., der als Papst eine Ritterschaft unter dem tapferen Patron bilden wollte und ihr Ravenna zur Residenz gab. Auch hier waren das rote Kreuz und die Krone, wie bei den Mühlstadter Georgsrittern, das Abzeichen für den Orden. Die Ravenna-Ritter aber scheinen sich kaum an die schönen Ziele ihrer

Stiftung erinnert zu haben, denn Gregor XIII. mußte auch diesen Orden wegen seines wüsten Treibens löschen. Mag man immer, wie manche es tun, beide Geschichten für zwei Versionen ein und derselben halten – es muß schon allerlei gefällig gewesen sein, denn peinlich ist es auch zu damaliger Zeit gewesen, wenn der eine Papst stiftet und der andere wieder aufheben muß.

Unter den Georgsorden könnte noch auf den konstantinischen seines Namens hingewiesen werden. Er lebte in Neapel fort und hatte eine einigermaßen glaubwürdige Tradition als Palastwache für das Labarum.

Die deutschen Ritter hat der Gedanke, einen großen, alle Strebungen vereinigenden Ritterbund unter dem Patronat des hl. Georgs zu gründen, nicht ruhen lassen. Sie traten zu Ende des 14. Jahrhunderts in Franken erneut zusammen und gründeten die *Ritterliche Bruderschaft zum hl. Georg in Franken*. Schon vorher hat es dunkle Georgsbünde gegeben. Hier verband sich der fränkische Adel zu gegenseitigem Schutze, wie es die Schwaben im »Bunde des Löwen« und die Bayern im »Bunde des hl. Wilhelm« unternommen hatten. Alle gemeinsam vereinigten sich 1382 zu einem mächtigen Verband. Nur zehn Jahre später errichteten 457 Grafen und Edelleute in Schwaben einen sehr ähnlichen Bund: *Georgsschild*; 1422 traten die Georgsbünde bei, und nun gab es den *Orden der vereinigten Georgs-Schilde*, bis 1488 die schwäbischen Reichsstädte sich hinzugesellten, woraus der berühmte und berüchtigte *Schwäbische Bund* wurde: eine mächtige und einflußreiche Verbindung gemeinsamer Interessen, die im Südwesten des Reiches ihre eigene, vom Kaiser oft total unabhängige Politik trieb. Das nahm überhand, und so mußte denn im Landfrieden von Maximilian I. dieses Ritterbund-Unwesen verboten werden. Es war aber keineswegs tot, denn nicht viel später rief der Kaiser recht gern diese Ordensgemeinschaften als »seine lieben Georgsbünde« zu Hilfe und Unterstützung herbei.

Der heilige Georg mußte, wie man sieht, zu allerlei sehr verschiedenartigen Stiftungen herhalten. Er mag lächelnd geduldet haben, daß er einerseits der Patron verwegener Abenteurer, andererseits Namensherr vornehmer Hofherren und wiederum Inhaber monastischer Bünde sein sollte. Der Drachen, den er so mutig und im Gottvertrauen bezwungen hatte, wurde von seinen irdischen Nachkommen mit ungleich geringerem Erfolg erledigt. Er wird es wohl verstanden haben, daß es nicht immer so gut gehen kann wie bei ihm seinerzeit.

Die unübersehbaren Ordensstiftungen kleiner Fürsten
oder Wie man eine würdige Sache durch Übertreibung töten kann

Einmal ins Leben gerufen, wucherte diese Angelegenheit sichtbarlich von Ort zu Ort, wie Wilhelm Busch konstatiert hätte. Orden, Bünde, Communionen, Vereine und Verbindungen sprossen aus der Phantasie und dem Einfallsreichtum so mancher Ritter und Fürsten; bald war es guter Ton, einen Orden gestiftet zu haben, Ehrensache, einem anzugehören, und nach Möglichkeit sollte es ein großer alter sein. Ging das nicht mehr, schloß man sich dem nächstliegenden an, dem des Lehnsherren oder der heimatlichen Standesvertretung, oder man schuf sich für den eigenen Freundeskreis eine neue Vereinigung. Gründe gab es genug, und sie wurden strapaziert nach der religiösen Seite hin, weil natürlich ein frommer Anlaß vorliegen mußte, sonst gab der Papst sein Placet nicht. Später ging es freilich auch ohne dieses.

Einer der kuriosesten Namen für einen Ritterorden ist der des in Palästina gegründeten *Ordens der Glücksritter*. Er rekrutierte sich ursprünglich aus Rittern aller europäischen Nationen, die es sich zur besonderen Aufgabe gemacht hatten, die Bewachung der heiligen Kreuzesfahne zu übernehmen. Sie war ja das sichtbare Symbol des Kreuzritterheeres, und wer sie beschirmen durfte, wurde zum Fähnrich des gesamten abendländischen Aufbruchs zum Heiligen Lande hin, ein Ehrenamt, wie es würdiger kaum zu denken war. Es lag also nahe, diese Fahnenjunker auch ansehnlich auszustatten. Daher kam man 1190 darauf, den Kreuzwächtern eine eigene Waffenrockfarbe zu verleihen: in Goldbrokat gekleidet schritten sie einher und trugen silberne Harnische, die mit allerlei Allegorien dekoriert waren: Flammen, Tierbilder, antike und christliche Sinnbilder. Um den Hals wurde eine goldene Kette getragen, und wenn ein Festtag zu begehen war (Siege waren selten, daher nahm man die Anlässe zum Feiern aus dem Heiligenkalender), trugen die Kreuzjunker brennende Fackeln in den Händen. Amt und Würde der Kreuzfahnenwächter waren äußerst ehrenvoll. Man meinte, es sei ein besonderes Glück, zu diesem Amte ausersehen zu sein – von daher wird der Name dieser Rittergruppe abgeleitet. Die *milites fortunae* hatten noch eine Zweiglinie, nämlich in Brixen, wo die »Glücksritter« den Stadtwagen und die Fahne mit dem Kreuz-Palladium zu bewachen hatten, also eine sehr ähnliche Funktion, wie sie die palästinensischen Glücksritter übernommen hatten. 1235 sollen diese Milites fortunae im Festzuge zur Begrüßung der ungarischen Prinzessin Violante aufgetreten sein.

Wie dem auch sei, der Name wird um diese Zeit hier und da bereits zum sinnreichen Omen für das böse Schicksal, das viele Orden, da sie sich weltliche Ritterorden nannten, überkommen hatte. Es waren in der Tat schon nicht mehr Streiter für eine heilige Sache, sondern Glücksritter, die im hehren Gewande für die eigene Sache eintraten und sie zum Erfolg führten, ohne sich um das große Anliegen von einst noch zu kümmern.

Man sagt immer, die Schweiz »wolle, kenne und trage keine Orden«. Das ist, wie die meisten Bonmots, nicht ganz richtig. Zwar sind heutzutage die Eidgenossen bei offiziellen Anlässen immer noch mit kahler Frackbrust zu sehen, und sie teilen sich in diese bürgerliche Gewohnheit mit den einstigen Hanse- und Reichsstädten (den Hamburgern ist noch heute kein Bundesverdienstkreuz anzuhängen) und mit den Amerikanern, die lange Zeit ebenso dachten. Aber es hat doch schon schweizerische Orden gegeben. Kaiser Friedrich II. hat als Dank für die tüchtigen

Dienste des Abtes von Sankt Gallen 1213 den *Orden vom Bär oder von St. Gallen* gestiftet. An einer goldenen Kette hing ein runder Schild mit dem schwarzen Bären auf einer Bergspitze. Dieses hübsche Abzeichen hatte hohes Ansehen im Schweizer Adel. Es verfiel erst, als die Schweiz Republik wurde. Der Bärenorden der Schweiz hat in seiner ganzen Art eine fast heitere Besinnlichkeit. Ein schwarzer Bär auf einer Bergspitze ist ein Signet für einen Touristenverband, aber auf alle Fälle sinnreich für einen vom Kaiser für die Alpenritter gegründeten Orden, der von einem Abte vergeben wird, welcher zugleich Großmeister ist.

Was es für Anlässe gab, neue Orden zu stiften, ahnt der schlichte Zeitgenosse unseres Jahrhunderts kaum. Da standen sich etwa die feindlichen Heere der Engländer und Franzosen unter Eduard III. und Philipp von Valois 1338 kampfbereit, aber gar nicht tatendurstig gegenüber und warteten darauf, daß der andere den ersten Streich führen werde. Da aber die Zeit verging und keiner sich rührte, wurde es schließlich dem englischen Monarchen zu dumm, und er versprach den Seinen allerhand Privilegien, wenn sie es ihm ersparten, weiterhin auf dem Schlachtfeld, das noch gar keines war und wohl auch niemals eines zu werden schien, tatenlos auszuharren. In dieser künstlich mit Spannung aufgeladenen Situation hoppelte ein Hase über das Feld. Die Franzosen begrüßten ihn mit heiterem Geschrei, was die humorlosen Briten sogleich als Kampfgeschrei auslegten und mit dem endlichen Angriff rechneten. Der König suchte aus der Lage herauszuholen, was zu holen war, und schlug eilig vor der Front einige seiner müden Recken zu Rittern, um sie zu besserem Eifer zu ermuntern. Es erwies sich als übereilt. Die Franzosen griffen nicht an, der Hase verschwand im Gebüsch, die frischgeadelten Recken fanden keine Gelegenheit mehr, ihre neuerworbenen Tugenden unter Beweis zu stellen. Sie hießen seitdem die »Hasenritter«. Man hat zwar später niemals wieder etwas von diesem Hasenritterorden gehört, und manche meinen, das Ganze sei nicht mehr als eine anmutige Geschichte, aber dem Stil der Zeit wäre es durchaus angemessen, daß es so passiert sei wie beschrieben. Die Nachkommen der Hasenritter werden wenig Interesse daran gehabt haben, die Story von dem eiligen Feld-Ritterschlag ihrer Ahnherren zu publizieren. Es ist auch nicht bekannt, wie die Dekoration aussah. Vielleicht waren es gekreuzte Löffel.

Das Pendant der Glücksritter waren die *Lustigen Brüder*, wenigstens was den unguten Ruf des Ordens angeht. Ursprünglich hatte er gut und würdig begonnen. Ein Dominikanerpater suchte mit der Gründung eines Ritterordens, den er der heiligen Jungfrau unterstellte, seiner Heimatstadt Vicenza einen beständigen militärischen Schutz gegen die wechselvollen Kämpfe der Welfen und Ghibellinen zu schaffen. Die Ritter vom *Orden der glorreichen Jungfrau Maria* gelobten Gehorsam, eheliche Keuschheit und besonderen Witwenschutz. Sie verzichteten auf die ritterlichen Rangabzeichen, trugen keine goldenen Sporen und verwendeten kein Goldgeschirr für ihre Pferde, sondern gingen in Weiß und in einem grauen Mantel, auf dem links ein achtspitziges rotes Kreuz mit goldenem Rand, mit vier Sternen bestickt, zu sehen war. So weit, so gut. Doch es blieb leider nicht dabei. Der Orden nahm zu an Reichtum und Macht, besaß Güter und Komtureien in vielen italienischen Städten, verfügte über mancherlei Vorrechte und geriet immer mehr auf die schiefe Bahn. Es mag ziemlich heiter zugegangen sein, denn die Üppigkeit und Laszivität des verkommenen Ordens trug den traurigen Rittern den Namen »Lustige Brüder« ein. Als der Komtur Camillo Volta 1589 gestorben war, hob Papst Sixtus V. die ärgerniserregende Institution auf und gab die Güter an ein geistliches Kollegium in Montalto; aber das mochte den lustigen

Brüdern wenig Eindruck gemacht haben. Sie hatten einigen Besitz zurückbehalten und verstanden es, sich ihr unbeschwertes Leben auf Kosten des guten Rufes ihres Ordens noch lange zu erhalten. Die ehrwürdigen Abzeichen ihrer einstigen Gemeinschaft haben die Nachkommen, unbekümmert um Spott und Verweis, weiter getragen.

Schon sehr bald verging der hohe Urgedanke der alten Kreuzritter und ordnete sich den Interessen der weltlichen Souveräne unter. Wie anders wäre die Stiftung des portugiesischen Ordens *Flügel des hl. Michael* zu verstehen, die Alphons I. nach seinem Siege über die Mauren bei Santorem 1167 vorgenommen haben soll, weil der Erzengel während der Schlacht den Streitern vorangeschritten sei – wobei aber nur einer seiner beiden Flügel sichtbar gewesen wäre.

Jedes neue Ordensmitglied hatte 50 Soldi zur Restaurierung der Michaelskirche in Alcobaza zu zahlen, aber nur der König selbst bestimmte, wer aufgenommen wurde. Es ist mithin im Grunde bereits ein Hausorden, freilich in Gestalt eines geistlichen Ritterordens. Die Flügelsritter trugen einen weißen Pilgermantel mit einem roten, aufwärts gerichteten Flügel als Abzeichen. Jedoch war das Tragen des Mantels schon nicht mehr Vorschrift, sondern der Ordensmantel das Festkleid des Ordens; wurde er nicht umgehängt, erschienen die Ritter mit einer roten Schleife, an der ein eirundes Schildchen hing, worauf der rote Flügel verkleinert abgebildet war. Ist dies das erste Beispiel einer Miniaturausführung? Noch war die Zeit für solche Haus- und Hoforden wohl nicht reif; diese Michaels-Flügel-Ritter-Stiftung hat ihren Stifter nicht überlebt.

Die Gesetze und Voraussetzungen, die vor der Gründung eines neuen Ordens zu beachten waren, wurden immer öfter durchbrochen. Sogar Bürgerliche konnten in einen

Ritterorden gelangen, man denke! Beim *Orden der Krieger Christi von der unbefleckten Empfängnis der hl. Jungfrau* ging zunächst alles sehr genau und hierarchisch zu, man kann sogar sagen, nach einer geheimnisvollen Zahlenmystik. Die drei Edelleute, die 1617 in Spells diese Gemeinschaft gründeten, wollten sich an keine nationale Voraussetzung halten. Sie nahmen Mitglieder aus allen Ländern auf. Diese wurden in drei Klassen eingeteilt. Es gab Rechtsritter, die weltliche Edelleute sein mußten, Kapläne, die geistlich, aber von Adel sein mußten, und Waffenknechte, also Knappen, Krieger und dienende Brüder. So weit glich alles der Ordnung der alten Kreuzzugsorden.

Bald vermengte dieser Orden sich mit einem anderen, gleichnamigen, der 1613 vom Herzog von Cleve und dem Herzog von Nevers gegründet worden war. Papst Urban III. bestätigte ihn, unterstellte ihn unmittelbar dem Vatikan und entband ihn von jeder Gerichtsbarkeit. Nun war der Status der Ritterlichkeit aus finanziellen Gründen wohl nicht mehr zu halten gewesen, jedenfalls gab der Orden Bürgerlichen den Eintritt frei, sofern sie sich als Förderer erwiesen oder dem Orden eine Komturei gestiftet hatten. Freilich mußte jeder Nichtadlige zur Sicherheit ein Jahreseinkommen von wenigstens 200 Talern nachweisen, falls er in die erste Klasse wollte, für die dritte brauchte man nur 100!

Das Abzeichen dieses »revolutionären« Ordens war ein blaues Kreuz, dessen vier Arme wieder vier kleinere Kreuze bildeten. Diese Blaukreuzler hatten allerdings kein langes Leben. Es schien eben doch etwas abwegig zu sein, sich in einen Orden »einkaufen« zu können. Aber immerhin, das Beispiel machte Schule, man wird noch sehen, wie weite Bahnen die erst läßliche, dann peinliche Gewohnheit, Ordenskreuze anders als durch Verdienste oder Gelübde zu erwerben, geführt hat.

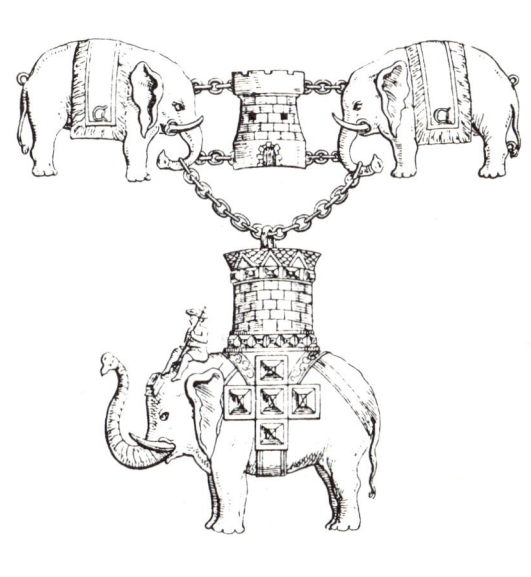

Kleinod und Kette des kgl. dänischen Elefanten-Ordens.

Wenn schon Bürgerliche, warum nicht auch Damen als reguläre Mitglieder? Daß sie sich im Rahmen der Institution als adelige Hausfrauen betätigten, das war ja schon ziemlich zeitig als ganz nützlich und daher erlaubt erkannt worden.

Der Weg schien nicht allzu weit, daß die frühesten Vertreterinnen der – freilich noch lange nicht so benannten – Emanzipation eigene Damenorden zu gründen sich vermaßen. Sie haben es zu einer schönen Blüte gebracht und mindestens so viel Ruhm und Ehre eingeheimst wie ihre männlichen Vorbilder. In einem späteren Kapitel wird ausführlicher von ihnen die Rede sein.

Ein Herzog von der Bretagne mit dem Beinamen »Der Eroberer« – im übrigen hieß er einfach Johann und war der vierte dieses Namens in seinem Hause –, ein bretonischer Herzog also war es, der 1381 einen Orden von vornherein für Damen und Herren stiftete. Das muß sensationell gewesen sein, denn hier war eine geheiligte Schranke niedergerissen worden, deren Wärter sich auf ehrwürdige Vorgänger berufen konnten. Anlaß, Zweck und Umstände dieser Stiftung sind heute nicht mehr bekannt. Es ist auch gleichgültig, wieso dieser Orden gegründet wurde, wichtig ist nur sein Mitgliederverzeichnis. Dieses weist beide Geschlechter auf. Übrigens hieß der Orden recht geheimnisvoll *Orden des Hermelins in der Bretagne*. Niemand hat je von Hermelinen in der Bretagne gehört, es sei denn als tote Fellstückchen an den Roben der regierenden Fürsten, wo sie (wie man seit der letzten englischen Krönung) überall in Europa wieder ganz genau weiß) in bestimmter Anordnung und Zahl einen bestimmten höfischen und aristokratischen Rang bezeichnen. Gewiß hatte dieses Hermelin das Abzeichen für eine besonders hohe Würde abzugeben, oder es sollte einfach die Vornehmheit des Ordens und seiner Mitglieder ausdrücken. Es war eine sehr prächtige

Dekoration, die einem modernen Juwelier alle Ehre machen würde.

»Das Ordenszeichen bestand aus zwei Ketten, deren beide Enden an zwei Herzogskronen befestigt waren, wovon eine auf der Brust, die andere am Halse hing. Zwischen den halbkreisförmig von Krone zu Krone laufenden, also einen Kreis bildenden Ketten befanden sich auf jedem Halbbogen vier laufende Hermeline, um deren Leiber sich breite Bänder mit der Aufschrift ›à ma vie!‹ schlangen. Diese Bänder waren abwechselnd von weißer Emaille mit schwarzen Buchstaben. Überdies hatte jedes der Hermeline ein goldenes Halsbändchen, woran ein Kettchen von 4–5 Gliedern hing. Die Halsketten waren je nach dem Stand der Personen aus Gold, vergoldet oder aus Silber.«

So ganz klar ist die Sache zwar nicht, aber es muß sehr apart ausgesehen haben. Die Damen dieses Ordens werden sich an dieser Kette wahrscheinlich ganz besonders erfreut haben und mit großer Sorgfalt auf die Einhaltung der diversen Statuten geachtet haben, denn immerhin, so eine schöne Kette zu verlieren ...

Jetzt war man schon bei Hermelinen angelangt. Zuvor waren so ziemlich alle legalen Wappentiere vorgekommen: Adler, Löwen und Bären, die Doppeladler, doppelschwänzige Bären, Löwen und sonstwie gefiedertes oder gehörntes Getier. Nun ging es wie durch eine geöffnete Schleuse in die freie Strombahn der Phantasie. Hier eine kleine Blütenlese von Namen einst stolzer, mehr oder weniger berühmter Orden allein in Frankreich:

Es gab den *Orden des heiligen Geistes von Montpellier*, den des *himmlischen blauen Ordensbandes des heiligen Rosenkranzes*, den *Orden des Friedens und Glaubens* (das ist doch besonders schön und wäre einen Hinweis an das leider nicht existierende Hofmarschallamt der UNO wert,

falls ein internationaler Orden eines Tages für alle UNO-
Mitgliedstaaten gestiftet werden sollte), da gab es weiter
den *Orden vom zunehmenden Mond in der Provence*, den
der *Ginsterblume*, den *des Hahns und des Hundes*, des
Stachelschweins, des *Windspiels*, der *Biene*, des *gelben
Bandes*, den *Orden vom Hopfen*, den der *Damen vom
Strick*, den *von der Terrasse*, den Rosenorden und den
Orden der Wiedervereinigung (nein, nicht für Deutsche!),
den *der Eiche* und des *Gürtels der Hoffnung* (den vielleicht
für Deutsche?).

In Spanien sind die Namen noch poetischer, die Stiftungen
noch zahlreicher. Es gab so schöne Gründungen wie den
Orden der Damen von der Axt, oder den der *Damen von
der Schärpe*, den *von der Schuppe, von der Binde, vom
umgestürzten Drachen* und – man staune: den *Orden der
Vernunft!* Alles mehr oder weniger sagenhaft, versteht
sich.
Viele davon hatten nur ein kurzes Leben. Ihr Nachruhm
war größer als ihre Daseinskraft, aber es muß eine immer
spielerischer werdende Gesellschaftslaune gewesen sein,
neue Orden zu ersinnen, sich Genossen zu der neuen
Gründung zu erwählen und mit ihnen einen Bund zu
stiften. Die uralte Sehnsucht, Gefährten zu finden, mit
ihnen eine Gemeinsamkeit zu begründen, etwas Festes,
Verläßliches zu machen, sich einander zu versichern und
voneinander zu wissen, daß man auf das gleiche Statut
eingeschworen ist, das mag es unter anderem gewesen sein,
was diese vielen Stiftungen uns Heutigen, die wir allenfalls
Vereinsmeier sein können, erklärlich machen kann.

Gar nicht lächerlich und auf den Geboten der Fairneß
beruhend waren die Statuten eines schon 1330 vom spanischen König Alphons gestifteten Ordens. Er hieß einfach
der *Orden von der Binde*, und damit war die Schärpe

gemeint – in diesem Fall eine rote –, die jeder Ritter als Abzeichen seines Standes trug. Man könnte meinen, dies sei womöglich der erste Schritt zur späteren Gewohnheit gewesen, bei Großkreuzen auch eine bunte Schärpe zu verleihen.

Wer diese rote Binde vom König verliehen bekam und damit Ritter dieses Ordens wurde, mußte zuvor zehn Jahre am Hofe gedient oder sich im Maurenkriege ausgezeichnet haben. Der König wollte seine Ordensmitglieder also selbst genau kennen oder diese Qualifikation durch Tapferkeit erwiesen wissen. Es durften auch nur die jüngeren Söhne der alten Familien aufgenommen werden, weil ohnehin der Älteste jeweils Erbe und Inhaber der Titel und Ehren wurde. Hier war ein Monarch klug genug, nicht nur dem einen alles zu geben, sondern den Jungen auch eine Chance zu bieten.

Diese jüngeren Rittersöhne hatten sich den eigenartigen, sehr sinnvollen Statuten dieses Bindenordens zu beugen. Verlangt wurde, daß jeder an seinem Wohnort nur zum Besten des Landes und der Bürger mit dem König spreche, sonst verfielen seine Güter. Alphons wollte also keine Liebedienerei und keine Heuchelei, es war Gesetz, dem König immer die Wahrheit zu sagen. Eine großartige, gewiß beschwerliche Vorschrift.

Man sollte, so sagen die Ordensgesetze, nur mit »vernünftigen Leuten« Umgang pflegen, keineswegs mit Kaufleuten und Handwerkern, widrigenfalls der Großmeister die Ungehorsamen ins Ordenshaus einsperren mußte. Welchen Ruf mußte die spanische Kaufmannschaft gehabt haben und erst das Handwerk! Für jede Schmeichelei und jeden Spott folgte eine Dukatenstrafe, oder man bekam Hausarrest oder mußte vier Wochen lang zu Fuß gehen, eine abscheulich peinliche Sache für einen stadtbekannten Ritter. Außerdem war es verboten, seine Kleider zu versetzen, Würfelspiele zu pflegen und zu saufen. Man sieht, gewisse Vorschriften erhalten sich durch Jahrhunderte, weil gewisse Gewohnheiten in der Männerwelt offenbar ebenfalls durch die Jahrhunderte immer wiederkehren.

Diese Ritter der Binde müßten demnach sehr honette jüngere Herrschaften gewesen sein – sofern die Ordensgesetze immer und unbeirrt angewendet wurden.

Orden kann es für alle Zwecke geben
oder Orden und Phantasie

Inzwischen waren die meisten Ordensmäntel aus der Kreuzzugszeit abgelegt worden und vielen goldenen Ketten, farbigen Schärpen und kostbaren Medaillons gewichen. Die alten Ritterorden, allmählich zu mächtigen staatspolitischen Gebilden angewachsen, behielten zwar noch volles Couleur ihrer würdigen Anfänge im Heiligen Lande bei, doch sah man diese Ritter schon nicht mehr im Lande der Sehnsucht, sondern innerhalb der Grenzen ihrer Ordensstaaten – die einen im rauhen Preußen, die anderen in Spanien, Frankreich oder Österreich oder in den vielen Stadtmonarchien Italiens. Sie waren die lebenden Beweisstücke dafür, daß es einmal eine lockere Einheit der europäischen Ritterschaft gegeben hatte, unter einem Auftrag und mit einem Elan. Das war vorbei. Die unzähligen kleinen Orden lebten ihren eigenen Stil, nur noch lose mit der Grundidee verbunden, äußerlich in den Formen des streng geregelten Ordenslebens, innerlich voller Liberalität und bisweilen merkwürdig gespalten zwischen Wollen und Können.

Der Zeitgenosse ist versucht, Schlüsse zu ziehen: Die Schizophrenie der in Liquidation befindlichen Orden, die Fülle der nebensächlichen Bemühungen um neue Formen in alten Gesetzen, die kaum noch gelten, das mutet recht aktuell an. Es ist aber nur oberflächlich vergleichbar, es waren nicht nur andere Menschen und andere Zeiten, es war überhaupt »alles ganz anders«. Es gab ein gesellschaftliches Leben – oder was man dafür hält – nur in den Grenzen des Standes. Wer mitmachen wollte und durfte, der konnte das nur in den Zirkeln, die dafür gestiftet waren. Die vielen adligen Orden sind zu dieser frühen Barockzeit, von der nun die Rede sein soll, meist nichts anderes als Clubs mit ritterlichen Statuten. Die Rotarier, Schlaraffen, Logenbrüder oder Vereinsfreunde von heute – in aller eifrig betonten Unterschiedlichkeit – haben ihr legitimes Gegenstück in den mannigfachen Orden jener Zeit, die ja ebenso eifersüchtig auf ihr Besonderes achteten, auf die Eigentümlichkeit gerade ihrer Stiftung, ihres Metiers, ihrer uradligen Abstammung und womöglich ihrer kreuzritterlichen Herkunft. Was dabei herauskam, ist bisweilen putzig und amüsant; ein Rundgang durch das Panoptikum der Eitelkeiten jener Zeit, aller Zeiten.

Während die heute so ehrfurchtsvoll gehüteten großen weltlichen Ritterorden gegründet wurden – Hosenbandorden, Seraphinenorden, Annunziatenorden, Goldenes Vlies –, sprossen viel freundlichere und interessantere Gründungen so ganz nebenbei aus dem Geist der Zeit. Sie geben die Farbe, sie sind die Kulisse für die ernsten Brüder, die als ehrwürdige Urahnen heute dastehen.

Die Fabel von der Stiftung des englischen *Hosenbandordens* ist zu bekannt, als daß sie hier noch einmal nacherzählt werden muß. Was aber mag den englischen König (es war Eduard III.) an jenem 19. Januar 1350 mitten im ausgelassenen Tanzvergnügen veranlaßt haben, so schroff zu reagieren, als die ehrenwerte Gräfin Salisbury ihr Strumpfband im Wirbel des Tanzes verlor? Daß die Kavaliere und die umstehenden Paare nicht vor Ergriffenheit erstarrten, mochte er doch nicht erwartet haben, er war ja ein recht heiterer und gar nicht prüder Herr. Ob ihm die Teilung des englischen Parlaments in Ober- und Unterhaus Sorgen gemacht haben mag oder ob er die Ausweitung der britischen Selbstverwaltung nicht gerne gesehen hat, die Bestallung von Friedensrichtern und die grafschaftliche Teilsouveränität? Wer weiß, jedenfalls soll er sich schrecklich angestellt haben. Aber aufgehoben hat er das blaue Seidenband immerhin, es war ja quasi ein Symbol. Und nun bekommt die ganze Story jenen charmanten, amourösen Zug, der völlig unenglisch ist und eigentlich die ganze Geschichte zur Legende macht. Da möchte man viel eher an die andere Version glauben, welche die Stiftung aus einem Impuls der Siegesfreude erklärt. Demnach hat Eduard den Orden nach der Rückkehr aus dem Frankreichkriege gestiftet. Aber die Umschrift? Der merkwürdige Satz »Honni soit, qui mal y pense« – wer soll denn schon so Ungehöriges denken und worüber? Alles recht unklar.

Die Widmung des Ordens geht dann wieder auf religiöse Motive zurück, wie gehabt: »zur Ehre Gottes, der hl. Jungfrau, des hl. Georg von Kappadozien, (das ist Englands Schutzpatron) usw.«, hier fehlt also wieder der Anknüpfungspunkt zur leidigen Strumpfbandaffäre, aber auch zur kriegerischen Kulisse.

Eigentlich ist es ja auch ganz gleichgültig, denn der Orden hat sich von vornherein richtig eingeführt, praktisch und britisch, wie es gentlemanlike ist und sich für einen Lord geziemt: zuerst wurden die Aufnahmegebühren festgelegt. Ohne Kasse kein Orden! Da heißt es also: »Bei der Aufnahme zahlt jeder Ritter, mit Ausnahme der später davon befreiten, mit freiwilligen Geschenken sich abfindenden auswärtigen Regenten, ein Herzog 10, ein Graf 6 Pfund Sterling, zur Unterhaltung der Canonici und der ›armen Ritter von Windsor‹ (das waren adlige Veteranen und ritterliche Unterstützungsempfänger), außerdem aber noch ein Herzog 8 Pfd. für die Vicare, Choristen und Glöckner und jeder Ritter 13 Pfd. für den Herold. Ferner muß ein König 60 und ein Herzog 55 Pfd. für das Costüm, und beziehendlich 30 und 25 Pfd. als Aufnahmeprämie und jeder Ritter 46 Pfd. an Trinkgeldern der kgl. Dienerschaft usw. zahlen.«

Na, das summiert sich, möchte man sagen.

Der Hosenbandritter mußte also eine zahlungskräftige Figur sein, sonst hatte es gar keinen Zweck. Es waren ja auch bloß 26 Herren, die der englische König zuließ, er wird sie schon auf ihre Kasse hin sorgfältig geprüft haben. Man ließ sich auch nicht lumpen. Der Ordensstern, den der Prinz von Oranien bei seiner Aufnahme 1733 erhielt, war mit 13 Diamanten besetzt, von denen der mittelste 15000 Pfd. wert war, und das Fest-Diner, das die Aufnahmefeier für den Herzog von Kingston beschloß, kostete 1719 etwa 10000 Pfd. Sterling. Heute kann sich das gewiß keiner der Hosenbandritter mehr leisten, es fiele auch unangenehm auf, wenn die Inhaber des wichtigsten und höchsten englischen Ritterordens, darunter der ehemalige Labour-Ministerpräsident Attlee neben dem ehemaligen Tory-Premier Churchill, so ausschweifend tafeln würden, wo doch die wirklich reichen Leute heutzutage ganz woanders sitzen, ohne Orden und ohne Strumpfband... Da man bei Hoffesten keine Strumpfbänder mehr zu tragen pflegt, kann es zu einer Situation wie 1350 nicht mehr kommen; niemand wird wütend den Saal verlassen, weil seine Freunde über ein abgesprungenes Band gelacht haben, niemand kann einen Orden aus solchem Anlaß kreieren, niemand diesem die Umschrift geben »Honni soit ...«, und niemand wird sich darum reißen, den Orden zu empfangen, und sich finanziell ruinieren, nur um zu den 26 Auserwählten zu gehören, die mit wallendem Federbusch am weichen Samthut den Monarchen beim Kirchgang oder bei seiner Krönung begleiten.

Tot sind diese Art Gefühle beileibe nicht, sie werden nur nicht mehr so hübsch und poetisch abreagiert. Manchmal kostet es ganz andere Dinge und gewiß nicht weniger Geld, in einen einflußreichen Zirkel aufgenommen zu werden und irgendeinen »wichtigen« Mann in der Öffentlichkeit zu begleiten, mit ihm gesehen, zu »seinem Kreis« gerechnet zu werden; das ist sehr vielen Leuten seit eh und je eine ganze Menge wert gewesen. Man trägt die Abzeichen dieser Art Gemeinsamkeit leider nicht mehr am blauen Bande, sondern geheim in einer Gehirnwindung und verliert Sympathien schneller als den Orden von einst.

Übrigens trägt die Königin kein Strumpfband, nicht einmal als blaue Schnalle mit der goldgestickten Aufschrift, sondern sie befestigt dieses Band am linken Oberarm. Die Herren indessen laufen noch heute bei Gala in kurzen Seidenhosen, unter dem Knie das bewußte Salisbury-Band.

Die füllige Zeit des neu entdeckten Lebensgenusses hatte die Gedanken und Gemüter der Leute aufgeschwemmt. Es war ein bißchen viel geworden, man spürte das wohl. Und so stifteten sich – ein seltenes Kuriosum – die *Temperenz- oder Mäßigkeitsorden* ins Leben!

Schon 1517 hatten einige Ritter aus Steiermark, Kärnten und Krain den Eindruck, es sei nun eigentlich das Maß voll, es sei einfach zuviel an Lastern dieser Welt im Umlauf. Das ungeheure Fluchen, Saufen und Fressen nehme überhand, und alles was recht sei, aber hier müsse nun endlich einmal ein Exempel statuiert werden und der Menschheit durch ein standesgemäßes Beispiel und Vorbild Gelegenheit zur Nachahmung gegeben werden. Man tat sich zusammen und machte sich selbst Gesetze, die darauf hinausliefen, erst einmal am eigenen Leibe zu konstatieren, wie man ohne Fluchen, Saufen und Völlerei auskommen könne, ohne ein Miesepeter zu sein. Man machte ein Strafregister: jeder werde zu 2 Gulden verdonnert, der eines der Gesetze übertrete. Bezeichnenderweise waren die verehrlichen Damen der Herren Richter inbegriffen, auch für sie galt die neue Zucht, und wenn es ihnen zu schwer wurde, so war das männliche Beispiel ein Hort der Zuflucht für sie. Jedenfalls war es so abgemacht. Das Abzeichen dieses Mäßigkeitsordens war ein Bild des Schutzpartons, des hl. Christoph, das an einer Kette um den Hals getragen oder an den Hut gesteckt wurde; wer es vergaß, zahlte 3 Kreuzer Strafe. Am Sonntag nach Michaelis traf man sich und tafelte nach der Messe vorbildlich ohne Fluchen und Saufen und ohne Völlerei, zum Exempel der übrigen Menschheit.

Den gleichen Gedanken hatte wenige Jahre später der Markgraf Casimir von Brandenburg, der mit seinem hochfürstlichen Neveu, dem Landgrafen von Hessen, und vier Bischöfen beim Armbrustschießen mit Entsetzen das fürchterliche Fluchen und Schimpfen mitangehört hatte. Es war in Heidelberg, und man traf sich dort mit fünf Pfalzgrafen und dem bei Rhein. Niemand kann behaupten, daß diese Herren nicht einiges gewohnt gewesen wären, aber es muß schon allerlei gefällig gewesen sein, denn sie setzten sich zusammen und beschlossen – vielleicht angeregt von der österreichischen Christophschen Mäßigkeitsunternehmung –, den *Orden vom Goldenen Ring in der Pfalz* zu stiften. Hier gibt es sogar noch die Urkunde, in der es heißt: »...zu gäntzlicher, oder wenigstens halber Abstellung des gräßlichen Lästerns, Fluchens und Saufens...« Rührend, wie die hohen Herren schon von vornherein mit der Einschränkung um die Hälfte gefällig entgegenkamen. Es muß total unmöglich gewesen sein, die Roheit der Zeit strikte zu verbieten.

Um dieselbe Zeit etwa, 1590 nämlich, hatten zwei sächsische Fürsten den gleichen Einfall. Die Brüder Herzog Friedrich Wilhelm I. und Herzog Johann von Weimar gründeten eine Bruderschaft gegen den überall grassierenden Unfug des Fluchens usw. Der genaue Name dieses Ordens ist heute nicht mehr zu ermitteln, weshalb er einfach als *Herzoglich sächsischer Orden gegen die Untugend des Fluchens etc.* firmiert. Die Statuten sind zum Teil überliefert. Aus ihnen sei hier ein wenig zitiert, damit man sieht, wie es gemeint war:

»...alles haben wier aus sonderbarem Christlichem

Gemüthe für bequem und nützlich erachtet, hierzu eine Brüderschaft aufzurichten, und ezlichen unseren vertrauten Herren und Freunden sowohl auch denen jenigen, welche wier sonst mit Gnaden erwogen, zu einer stetigen Erinnerunge und Angedächtnis einen sonderlich hierzu verfertigten Groschen zu geben, und solle mit solcher Brüderschaft folgendermaßen gehalten werden.

Erstlich, solle sich ein jeder hüten, bei Gottes Namen auch unseres Erlösers und Seligmachers, des Herrn Jesu Christi Marter, Wunden und Sacramenten zu fluchen und zu schweren, desgleichen den böse Feind ohne Noth mit Nahmen zu nennen.

Zum anderen, solle sich ein jeder aller leichtfertigen, schambaren, unzüchtigen und ärgerlichen Worthe und Reden gänzlich enthalten. Da aber einer oder der andere hier wider mit fluchen, schweren und unzüchtigen Wortt und Reden handeln würde, der oder dieselben sollen so oft es von ihnen geschieht, jedesmal sechs Groschen in die Büchse, Armen und Nothleidenden zum Besten geben.

Zum dritten, solle ein jeder obgedachtes Denkzeichen des Tages über bey sich halten und am Halse tragen, do aber einer angetroffen würde der solches nicht bey sich hätte, der soll jedesmal zweene Thaler zur Straff geben, als den einen in die Büchse und den anderen demjenigen, welcher mit in dieser Brüderschaft es an ihm inne würde.

Zum vierten, Do Euch einer solch Denkzeichen muthwillig verlieren, wegschenken, oder sonsten ablegen würde, derselbe soll zwanzig Gülden zur Straff in die Büchse zahlen.

Zum fünfften, solle ein jeder stetigs an Gelde vier Ort eines Thalers bey sich tragen, oder do solche bei einem oder dem andern nicht befunden würden, der oder dieselben sollen einen halben Thaler zur Straff in die Büchsen geben.

Vors sechste und lezte, wann auch einer von uns in die Brüderschaft auffgenommen wirdet, soll er sich alsobald in dieses Büchlein mit eigener Hand einschreiben, und dabei verpflichten, disen obberührten Punkten (immassen denn auch von uns mit Göttlicher Verleihung geschehen solle) gebürlichen und unweigerlich zu geleben und nachzukommen.

Actum Weymar am 11. Junii Anno Domini 1590.«

Dieses urkundliche Original lag in der herzoglichen Bibliothek in Gotha mit sämtlichen Wappen der Genossen Fürsten. Schon ein Jahr später aber sind keine neuen Unterschriften unter das »Büchlein« gekommen, weshalb man annehmen darf, daß sich die gutgemeinte Sache nach einem Jahre bereits wieder erledigt hatte.

In Hessen hatte man viel mehr Glück mit solchen Bestrebungen. *Der Temperenzorden* bürgerte sich ein und hatte eine ganz erkleckliche Anhängerschaft. Man ließ es hier auch nicht mit Temperenzgroschen bewenden, die in eine Büchse für wohltätige Zwecke geworfen werden sollten, sondern man ordnete sehr präzise und streng an, was der einzelne Temperenzritter zu befolgen hatte, wenn er Mitglied des Ordens bleiben wollte:

»Zu wissen sey jedermännig, daß bey jetziger Chur- und fürstlicher Zusammenkunft allhie zu Heidelberg zu Vorkommung übermäßigen Trunkes wie auch anderen unordentlichen Wesens, so leicht aus übermäßigem Trunk entstehen mag, sonderlich aber zu Ehren Gottes, als der da gebeut, sich vor Fressen und Saufen zu hüten (Lucas 21) sich die durchlauchtigste und hochgeborene, auch wohlgeborene und edle Herren Churfürsten, Fürsten, Grafen, Herren und Rittermäßige in der Subscription benannte gutes Willens und Wissens miteinander beredt und verglichen haben, wie hiernach folgende Articel auswerfen.

Zum Ersten wollen Alle und jede in diesem Orden temperantiae begriffene sich verpflichtet haben, von dato dieses den 24. Decembris inlauffend den eintausendsechshundersten Jahrs biss auf künftigen 25. Decembris des 1602 Jahrs, alles Vollsaufens, in was Getränk auch das seyn möchte, zu enthalten.

Zum Andern. Damit dieses soviel desto gewisser gehalten werden möge, so wollen auch gedachte Ordensverwandte obgesagte Zeit auf eine Mahlzeit nit mehr als sieben Ordensbecher mit Wein austrinken, auch sich durch keinerley Weg, wie sie Namen haben mögen, bei einer Mahlzeit mehr in Wein auszutrinken bewegen lassen.

Zum Dritten. So will auch kein Ordensverwandter in 24 Stunden mehr als zwo Mahlzeiten halten, da dann bei jeder Mahlzeit sieben Ordensbecher mit Wein auszutrinken erlaubt sein sollen, außerhalb der Mahlzeit aber es sey zur Suppen zwischen den Mahlzeiten oder nach der Abendmahlzeit zum Schlaftrunk soll keinem erlaubt seyn, einen einzigen Trunk, Glas oder Becher Wein mehr zuzusetzen.

Zum Vierten. Da aber je einer zur Suppe Wein trinken wolle oder müsse, so soll er doch schuldig seyn, daßjenige, so er an Wein getrunken, von den sieben Morgenmahlzeitsbechern abzukürzen, also und dergestalt, daß nach verrichteter Morgenmahlzeit die sieben Morgenmahlzeitbecher nit überschritten seyen.

Zum Fünften. Gleichergestalt, so einer zwischen den Mahlzeiten oder aber nach der Abendmahlzeit, zum Schlaftrunk Wein trinken müsse oder wollte, soll er doch das, so er auf solche Zeit an Wein getrunken, an den sieben Abendmahlzeitsbechern abzurechnen schuldig seyn, also und dergestalt, daß einer, wann er schlafen gehet, die sieben Abendmahlzeitsbecher nit überschritten habe.

Zum Sechsten. Damit auch keiner über Durst zu klagen, so soll einem jeden, sowohl zu beiden Mahlzeiten als außerhalb deren, zu jeden Zeiten erlaubet seyn, Bier, Sauerbrunn, Wasser, Juleb und dergleichen schlecht

Getränk mit zuzutrinken, doch mit der Bescheidenheit, daß der erste Satz nit überschritten.

Zum Siebenten. Ingegen soll keinem erlaubt seyn, seine Ordensbecher mit gebrannten hispanischen, welschen, oder anderen starken oder gewürzten Weinen auszutrinken, darunter dann auch starke Met, trunken machendes Bier wie Hamburger Bier, Breuhan und dergleichen begriffen seyn sollen.«

Und so weiter und so weiter. Was haben die edlen Herren nicht alles zu regeln gesucht, was nicht alles verordnet; sogar in wie vielen Schlucken die vorgeschriebenen Ordensbecher ausgetrunken werden sollen; was geschehen solle, wenn einer aus Versehen die Gebote der Mäßigkeit übertritt oder sich sonstwie gutwillig, aber schwach zeigt.

Ein alter Ordenshistoriker faßte die Ergebnisse der vielfältigen Bemühungen in die klassischen Worte: »Alles dies bei harter Pön. Der Durst schien indes mächtiger als der Orden mitsamt der Pön zu sein; jener blieb, und dieser verschwand.«

Es scheint so, als hätten zu dieser Zeit zahlreiche deutsche Potentaten die Rolle der Mäßigkeitsvereine übernommen, denn abgesehen von den eben erwähnten Orden lag offenbar überhaupt eine Tendenz zur Läuterung der Sitten, nicht nur was Fluchen, Saufen und Völlerei betraf, in der Luft. Man gab sich angesichts der allzu offenbaren Lebenslust gemäßigt, obschon die überkommene Kunst dieser Zeit uns ein ganz anderes, diesseitigeres und sinnlicheres Porträt dieser Epoche und ihrer Fürsten zu übermitteln. Welch ein Gegensatz! Da sitzen die deutschen Regenten, Durchlauchte und Provinzmonarchen in ihren westwärtigen Vorbildern nachgebauten Residenzen und versuchen einen Lebensstil zu imitieren, der ihnen nicht nur finanziell unmöglich ist, sondern ihrem Naturell zur deutschen Ordnung und Bravheit gar nicht gemäß ist; aber damit die Sache im Gleichgewicht bleibt, gründen sie Temperenzorden. So gelingt es ihnen, wenigstens partiell, Gewissensnöten gegenüber ruhig zu bleiben. Man ist ja doch bei aller überschäumender Großmannsstuerei und monarchistischen Absolutheit der Großmeister des höchstselbst gestifteten Mäßigkeitsordens, was soll also die ewige Nörgelei wegen der unnützen Pracht?

Jenseits des Rheins gab es solche seelischen Schwierigkeiten nicht. Dort hat es auch niemals einen Orden mit solcherart sittenstrenger Tendenz gegeben. Mäßigkeitsorden in dem Lande, aus dem die besten Trauben kamen, die hübschesten Mädchen und die frechsten Komödien? Im Gegenteil, hier stiftete man zu Beginn des 18. Jahrhunderts allerlei Bünde, Gesellschaften und Orden, deren Ziel die Verschönerung des Genusses, die Bereicherung des Lebens durch die mannigfachen Freuden dieser Welt war.

Nicht Temperenzorden, sondern vielmehr Trinkorden wurden hier gegründet. Man bedurfte dazu auch keines Reichsfürsten, keiner Bischöfe und Kurfürsten, sondern ein simpler Adliger, der Monsieur de Damas, führte in seinem *Ordre de la grappe* eine Schar fröhlicher Kavaliere und Abbés 1701 in Arles der Ordensgeschichte zu. Im Jahre darauf schon folgte zu Dulon der Herr von Vibray mit seinem *Ordre de la Méduse* und endlich, nicht viel später, nach verwandten Regeln, der Ritter von Bosquier in Aramon mit dem *Ordre de la Boisson de l'étroite.* Letzterer hatte sich nicht aus Leichtsinn oder Übermut zu seiner Ordensstiftung bewegen lassen, sondern war buchstäblich aus überwundenem Leid zur Freude gelangt. Besser kann die Idee von der weltüberwindenden Freude nicht markiert werden, und das zu Beginn eines Jahrhunderts, dessen Fugen genauso wankten wie die in dem unseren. Jener Herr von Bosquier hatte seine Frau verloren, die er sehr geliebt hatte, und war mit den Seinen aus Aramon weggezogen nach Villeneuve bei Aragon. Während einer Landpartie soll er von den beiden anderen Trinkorden gehört und sogleich beschlossen haben, so etwas in seinem Kreise auch einzuführen. Er studierte die Regeln der beiden anderen Orden und bearbeitete sie für seine Zwecke. Zurückgekehrt, rief er seine Freunde und Bekannten zusammen und ließ sich, unter dem tosenden Beifall der Kumpanen, zum ersten Großmeister wählen und – damit die Geschichte auch einen repräsentativen Charakter habe – den Titel »Exzellenz« zulegen.

Dieser dem Gotte Dionysos geweihte Orden machte sogleich in ganz Frankreich Furore und breitete sich schnell aus. Er baute sich nach dem bewährten Vorbild der alten Kreuzzugs-Ritterorden eine Hierarchie auf, mit Großsiegelbewahrer, Ordenssekretär, Generalvisitator, Großmajor des Kellers, Historiographen usw. Alles, was ein souveräner Ritterorden an ehrwürdigen Titeln und Ämtern zu vergeben hat, konnte man auch vom Bacchusorden haben. Kein Wunder, daß eine Gemeinschaft, die sich der Freude des Lebens gewidmet hat, die Freunde der Freude sucht und Genießer der guten Seiten der Welt, Leute, die die Kunst verstehen, des Lebens Schönheiten nachzukosten – kein Wunder, daß solch ein Orden einen vehementen Zulauf hatte in dieser lebenskünstlerisch so reichen Zeit.

Man gründete eine eigene Zeitschrift; »Nouvelles de l'ordre de la Boisson« hieß sie und wurde wegen ihrer witzigen Tendenz, wegen ihrer launigen Beiträge und humoristischen Aufsätze überall im französischen Königreiche gern gelesen. Es heißt von ihr: »Sie erregte allgemeines Aufsehen, verarbeitete die Geschichte des Augenblicks mit Geschmack und Geist, parodierte in Beschreibungen der Ordensfeste viele der merkwürdigen Szenen der politischen, der bürgerlichen und der Hofwelt auf das scherzhafteste und warf auf das geistreichste nach allen Seiten mit

64

Oben: Hl. Stuhl, St. Sylvester-Orden: Ritterkreuz auf dem Etui mit päpstlichem Wappen.

Links: Kgl. dänischer Danebrog-Orden: Ritterkreuz (l.) und Großkomturstern (m.); daneben: kaiserl. russischer St. Georgs-Orden: Ritterkreuz und Großkreuzstern.

Verschiedene Ordensschnallen (v.o.n.u.): Kleine Feldschnalle 1870/71 mit Gefechtsspangen; israelische kleine Ordensschnalle mit Bändern aus dem Sinaikrieg; kgl. preußische große Ordensschnalle mit 8 Auszeichnungen und eine mit 6 Auszeichnungen und einer Gefechtsspange; eine mit drei Medaillen und Regiments-Erinnerungsplaketten »aufgefüllte« Schnalle.

Militärischer Maria-Theresia-Orden: Ritterkreuz mit Etui zum »signum laudis« (o.); neben dem Kaiser-Porträt (v.l.n.r.): Silbernes »signum laudis«; Offi-ziers-Dienstauszeichnung; Marianerkreuz. Unten (v.l.n.r.): Große Silberne Tapferkeitsmedaille; Militär-Verdienstkreuz; Karl-Truppenkreuz.

Bundesverdienstkreuz mit Urkunde: Großes Bundesverdienstkreuz (o.); Verdienstkreuz am Bande des Bundesverdienstkreuzes (m.); alte Form der Knopflochschleife zum Großen Bundesverdienstkreuz.

Satyren um sich.« Von welcher zeitgenössischen Klubzeitung könnte man so Faszinierendes berichten, von welcher der bestehenden großen Zeitungen oder Illustrierten?

Durch dieses Blatt verbreitete sich der Ruf des Ordens. Allerlei bedeutende Persönlichkeiten in Italien, Portugal, Spanien und Deutschland bemühten sich um Aufnahme in diesen Trinkorden. Freilich von den Deutschen nur solche, die keinem Mäßigkeitsorden angehörten. Zu den hübschesten Gesetzen dieses heiteren Instituts gehörte die Vorschrift, daß jede der auswärtigen »Zungen« dem Ordenskeller jährlich eine bestimmte Anzahl der besten Flaschen ihres besten Weins zu senden hatte, so daß der Observanzorden in Boisson in Kürze über ein glänzendes Reservoir der allerbesten Lagen aller europäischen Weine verfügte. Aus der Champagne kamen die Weine aus Reims, Ay und Sillery, aus Burgund die köstlichen Proben aus Beaune, Chablis und Meursaut, aus der Provence kamen Chassis, St. Laurent, aus Spanien Malaga und Alicante, aus Italien Lacrimae Christi und Orvieto, aus Griechenland Chio, Matelin und Naxos usw. Seinerzeit hat niemand Rheinwein haben wollen, der Orden hat auch von den deutschen Mitgliedern keinen Beitrag zum Ordenskeller verlangt.

Im Laufe der Zeit war dieser Orden nicht nur als Freundeskreis gut und schön, nützlich und heiter, sondern er wurde auch politisch interessant, weil sich hier die große Welt traf, soweit sie Spaß hatte an den Freuden des Lebens, und das hatte sie! So waren sehr viele Ritter Offiziere der französischen Armee und jeder Sieg wurde in gewaltigen Ordensfesten bacchantisch gefeiert. Man kann sich ausmalen, welche Köstlichkeiten an Kreszenzen aus den besten Weinbaugebieten Europas an solchen Abenden für die Ordensmitglieder ihrer Korken beraubt wurden. Da aber die Siege Frankreichs seltener wurden und die Spanien- und Italienkriege viele der freundlichen und trinkfesten Herren an die Front geholt hatten, wurden die Anlässe rarer, und so bedurfte es eines Tages des einsichtigen Entschlusses, bis auf weiteres die Ordensfeste zu vertagen. Es ist ein großartiger Zug in der Geschichte dieser lebenlustigen Gemeinschaft, daß sie im Moment, wo das rechte Gleichgewicht zwischen Freude und historischer Notwendigkeit fehlt, für eine Zeitlang der Gegenwart gibt, was ihr gebührt, um sich ihr und ihren Realitäten zu fügen, bis man sich wieder zu fröhlichem Tun wird treffen können. Dies geschah erst wieder im Jahre 1716. Das große Schicksal griff auf seine Weise ein: der Großmeister berief seine Ritter wohl noch zur fröhlichen Versammlung nach der allzu langen Pause ein, da wurde er selbst abgerufen. Mit ihm starb der schöne Orden.

Nur wenige Wochen trennen alljährlich den hochdiplomatischen Neujahrsempfang in allen Hauptstädten vom Fasching und Karneval in fast aller Welt. Gleich zu Beginn des Jahres treffen sich die Botschafter, Gesandten und Geschäftsträger der verschiedenen Nationen im Diplomatenfrack beim jeweiligen Staatsoberhaupt. Hierzu legen sie ihre Orden an, werden bei der An- und Abfahrt bestaunt und neugierig zur Kenntnis genommen. Andern Tags erscheinen sie in den Blättern als steif lächelnde Herren in etwas altfränkischer Aufmachung, immerhin als bemerkenswertes Requisit einer Zeit, in der Orden und Meriten noch Wertsachen waren.

Nicht viel später ballt sich das närrische Volk in den großen Sälen am Rhein, an der Mosel und der Isar unter lautem Demonstrieren gegen Mißmut und Kopfhängerei. Man freut sich an den Späßen der Narren, sieht sich selbst als Narr und läßt sich vom Prinzen Karneval oder vom Präsidenten des Elferrates närrische Orden verleihen. Es gibt sogar in Deutschland, wo alles gleich amtlich oder doch halboffiziell registriert werden muß, also auch die Freude und der Frohsinn eine Organisation brauchen, um ins richtige Bewußtsein des Volkes zu dringen, einen *Orden wider den tierischen Ernst*, den zu verleihen und zu empfangen zum Politikum geworden ist. Welcher Staatsmann ließe sich nicht gern als kleiner Spaßmacher öffentlich auszeichnen und nähme nicht als beinahe kostenlose Public Relations eine Dekoration entgegen, die ihm bescheinigt, er sei eigentlich gar nicht so, er sei ein Schalk und habe es dick hinter den Ohren.

Der Vergleich zwischen dem Staatsempfang zu Neujahr und der scheinbaren Inflation der närrischen Orden während der närrischen Zeit ist nicht so weit hergeholt.

Der erste Karnevalsorden war ein niederrheinischer Orden. Später kam das Herzogtum Cleve zu Preußen. Jedenfalls saßen am Kunibertstage, also am 12. November 1331, einige ritterliche Herren als Zecher höchst vergnügt beisammen. Der 11. 11. ist der überall anerkannte Stichtag zum lustigen Auftakt des Karnevals; am 11. 11. um 11 Uhr 11 Minuten geht es los, in jedem Jahr, überall! Es mag damals in Moers am Niederrhein, denn dort spielt die Geschichte, auch noch der 11. gewesen sein, als man mit dem Feiern begann, die Stiftung ist wohl erst nach Mitternacht gemacht worden, mithin schon am 12. 11.! Adolph Graf von Cleve tagte zu Moers mit seinem Nachbarn, dem Grafen von Moers, und 34 seiner Genossen und Kumpanen »bei vergnügter Weintafel in ausgelassener Laune«, wie es in der Chronik heißt. Das ist die Stimmung, wie sie noch heute bei Sitzungen und Bällen zu herrschen pflegt oder überall dort, wo sich rund 50 Freunde »Freud maache«, wie´ der Kölsche sagt. Aus dieser Laune kam es dem Clever in den Sinn, für alle dort versammelten Zechgenossen den *Orden der Gecken* zu stiften. Man darf dieses G nicht wie ein solches sprechen, man muß J sagen, dann hört man die Aktualität: *Orden der Jecken*. Dieser Jeckenorden ist der erste nachweisliche Karnevalsorden, denn er hat alle Voraussetzungen, die unsere heutigen, gleichnamigen Dekorationen in der närrischen Zeit verloren haben: er dient zur Bezeichnung einer Gruppe fröhlicher Zecher, zur Auszeichnung für Leute, die es mit dem Frohsinn ernst meinen. Er entstammt einer frohen Stunde und ist für frohe Stunden gemacht. Er verpflichtet jeden Träger, nur an die Freude zu denken und im Mantel der Narretei alle Mühsal des Daseins für Stunden zu vergessen, einmal aus seiner amtlichen Haut in die andere Erscheinung seiner selbst zu schlüpfen, die in ihm steckt, die er gern immer zeigen möchte, die ihm aber das tägliche Leben zu zeigen verwehrt. Das ist der Sinn der Karnevalsorden, nicht mehr wollte der Clevische Narrenorden. *L'ordre des fous* nannten ihn die westlichen Nachbarn. Sie nahmen die Idee zu solch einer originellen Stiftung gerne auf, gründeten Ähnliches und ließen es sich nicht zweimal gesagt sein.

Der Narrenorden von Cleve war, weise und einsichtig, nur auf 12 Jahre gestiftet worden. Wer kann länger als ein Dutzend Jahre lang die gute Laune einer fröhlichen Stunde erneuern? Man sieht es an so manchem Faschings- und Karnevalsfunktionär, der auch besser Zwölfender geblieben wäre in seinem Geschäft, statt über Jahrzehnte hinaus mit den gleichen Argumenten gute Laune dem närrischen Volk immer aufs neue anzubieten. Zwölf Jahre – das ist wieder eine närrische Zahl, elf eigentlich, aber da das erste Jahr nicht rechnet, so gilt die Zwölf; nach dieser Zeit ist's aus mit der Narretei, und der Orden versinkt. Er versank in der Tat: Die Narren legten statutengemäß nach genau 12 Jahren ihren Orden ab. So waren sie weiser als alle Nicht-Narren.

Die schöne Dekoration wich in allem von den vorgebildeten Ordensfiguren ab. Es war ein in Silber gebildeter Narr, ein Schalk, der in rot-weißer Kapuze ursprünglich eine Fruchtschale vor sich hertragen sollte, dann aber doch die heute noch gültige Narrengestalt bekam: mit Pritsche und

Glocken in den ausgebreiteten Händen oder den eigenen Kopf vor sich hertragend. Dieses Symbol der weisen Selbsterkenntnis mußte jeder Ritter tragen, es sei denn, er riskierte die Strafe. Die Narrenritter wählten an ihrem Ordensfest, dem Sonntag nach Michaelis, jährlich einen König und mehrere Räte, die je nach ihrem Range zu den Vereinskosten mehr oder weniger beitragen mußten. Und wozu? Wie sagt die Chronik: »Man genoß die Freuden des Lebens und geißelte unter Schmerz und Witz seine Thorheit.« Was anderes sollte ein rechter Fasching oder ein gelungener Karneval sein?

Die Franzosen, die für solcherart Bünde etwas übrig hatten, wie ihre Trinkorden bezeugen, haben die Narrenbünde willig imitiert. Es gab die *Narrenmutter* zu Dijon, die *Gesellschaft der Hörnerträger* zu Evreux und Rouen, das *Königreich Basoche* in Paris, die *Babinische Republik* in Polen (von dem Starosten Psanka 1508 gegründet für alle Leute, die irgendeine Lächerlichkeit ausgezeichnet vertreten hatten) und das *Regiment Calotte,* so benannt nach der Mütze, die man ausgezeichneten Narren zusandte.

Die bewußt alberne Rolle, die das Militärische in diesen Gruppen spielte – siehe *Regiment Calotte* oder *L'infanterie Dijonnaise* –, läßt einige Schlüsse zu auf die zeitgenössischen Karnevalskorps, die ja verwandte Aufgaben haben, wenngleich sie aus anderen Ursprüngen kommen. Ohne die närrische Tendenz, aus lauterer Freundschaft, hat es immer wieder einmal Orden gegeben. Man drückte sich die Gefühle der gegenseitigen Sympathie seinerzeit unter anderem dadurch aus, daß man sich in den jeweils gestifteten Orden aufnahm.

Der *Orden der guten Freundschaft* bezeugt uns solche Gewohnheiten aus Brandenburg. Der Kurfürst Friedrich III. empfand zu seinem fürstlichen Nachbarn Johann Georg IV. von Sachsen eine so freundschaftliche Neigung, von diesem ebenso herzlich erwidert, daß die beiden

Regenten bei einem Treffen in Torgau füreinander den Orden stifteten »zur Aufrechterhaltung der Freundschaft und genauen Allianz«. Vom Berliner und Dresdener Hof wurden je 12 Ritter ernannt, und diese 24 Herren sollten die Garantie sein, daß die preußisch-sächsische Liebe anhielt. Sie tat es nicht, der Orden wurde still ad acta gelegt. Das gleiche fand zwischen dem Fürsten Wilhelm zu Nassau-Dillenburg und dem Fürsten Franz Alexander zu Nassau-Hadamer statt, die auch »aus sonderbarer gegeneinander tragender Liebe und gemachter Verbindnis« den *Orden der vereinigten Herzen* stifteten. Das war am 15. März 1696, also in einer Zeit vielfach künstlich hochgesteigerter Gefühle. Außer den beiden Potentaten und ihren Höfen hat man niemand diese vereinigten Herzen an die Brust gehängt.

Das Nonplusultra dieser rührenden Dokumentationen gegenseitiger Zuneigung ist der *Orden der brüderlichen Liebe und Einigkeit,* den um die Jahrhundertwende 1600 die drei sächsischen Brüder Kurfürst Christian II., Johann Georg und August füreinander stifteten. Das Signet ist reichlich gefühlig: zwei schnäbelnde Tauben, von dem Bibelzitat umgeben: »Siehe, wie fein und lieblich ist es, daß Brüder einträchtig beieinander wohnen.« Nett, möchte man sagen, aber kein Orden, vielmehr eine Aufmerksamkeit, aus fürstlicher Laune und Familiensinn geboren. Da die jüngeren Ordensbrüder schon bald starben, war die ganze Einrichtung nur für knapp fünfzehn Jahre gemacht.

Daß ein Orden einen rechten Patron braucht, ist einzusehen. Daß dieser auch ein Sinnbild sein kann, mag hingehen, denn die Heiligen gehen einem aus, wenn man allzuviele Orden gründet. Daß aber ein Hirschfänger »getreu« sein könne, das ist freilich neu.

Der *Orden vom getreuen Hirschfänger* stammt aus Mecklenburg, demselben schönen Lande, das 1864 für seine beiden Teile Schwerin und Strelitz den *Hausorden der Wendischen Krone* gestiftet hat, den der eine Großherzog von dem andern nur dadurch unterschied, daß er eine etwas andere Collane tragen ließ.

Dieses Mecklenburg leistete sich einen getreuen Hirschfänger. Eigentlich waren es drei Spaßvögel, die das durchsetzten, die vieledlen Herren Baron G. G. v. H., Kammerjunker L. G. v. S. und der braunschweigisch-lüneburgische Capitain A. v. W. Da man 1713 gern mit Monogrammen Kryptogramme machte, kann man kaum noch herausbekommen, wer das gewesen sein mag. Das ist nicht so wesentlich, jedenfalls müssen es nette Leute gewesen sein, denn ein Teil ihrer Statuten bezeugten einen originellen Orden. Das Abzeichen dieses Ordens wurde nicht an der Brust getragen als Oval oder Kreuz, sondern als Ring an den kleinen Finger gesteckt. An dem Ring saß ein grün emailiertes Bildchen, auf dem zwei ineinander geschlungene Waldhörner mit dem Monogramm des Barons zu sehen waren. Nun ist ein Waldhorn ja ein dem Hirschfänger ziemlich naheliegendes Requisit, aber wieso es zwei waren und weshalb der Orden dann nicht Waldhornorden hieß –? Vielleicht waren die Stifter eher Waidmänner als Musikanten.

»Art. 1: Es können von beiderlei Geschlecht in den Orden kommen.

Art. 2: Ist er männlichen Geschlechts, so muß er den Snyf lieben, auch nüchtern Taback rauchen können.

Art. 3: Ist der Candidat aber weiblichen Geschlechtes, so wird erfordert, daß sie ebenmäßig snyfen kann, en op hollandse fatsoen het saffrans potje beim Tee gebraucht.

Art. 4: Wer ein Ordensbruder oder Ordensschwester werden will, muß absolut die Jagd und was dem anhängig, als Hunde, Pferde, Hirschfänger, Waldhörner, die Musik und dergleichen lieben.

Art. 9: Wer nicht schießen vertragen noch Blut sehen kann, wird in diesem Orden nicht admittiert, er sey weiblichen oder männlichen Geschlechtes.

Art. 11: Die ewige Ordens-Gesundheit, auch ihre beständige Lose, so unter ihnen gang und gäbig, soll seyn: amicorum amicarum.

Art. 14: Wer von diesem Orden ist, soll niemals bei der Mahlzeit oder auch sonst sich ohne Tabatière sehen lassen.

Art. 15: Wenn ein Ordensbruder Taback rauchet, soll er niemals die Perücke aufhaben, sondern sich jederzeit der Tabacks- oder Ordensmütze bedienen, so ihm der Ordensstifter gegeben.

Art. 18: Es soll niemals eine Ordensschwester von einem Ordensbruder et reciproce weggehen und Abschied nehmen, sie habe ihn denn vorher geküsset und in Dargebung der Hand ihn derbe gedrückt.

Art. 20: Es soll statuten- und ordnungsmäßig für eine kleine Unehre gehalten werden, wenn Ordensbrüder abends beieinander sind, sie nicht allerseits mit einem kleinen Spitzchen zu Bette gehen.

Art. 24: Unter den Ordensverwandten floriert das Liedchen: »Bist gestern naß da gewesen« etc. und solches singen sie gleich bei erster Entrevue. In specie beim Trinken ist ihr gewöhnliches Ordenslied auf die Jagd gerichtet: »Frisch auf, ihr Hirschfänger« etc.

Art. 26: Wer sich vor Wasser fürchtet, daß er ohne Furcht nicht darauf fahren kann, der wird nicht admittieret.

Art. 34: Wer da Belieben trägt, sich dieses Ordens verlustig zu machen, der darf nur vormittags in Branntwein sich vollsaufen, als die allergrößte Schande eines Ordensverwandten.

Art. 39: Es ist dieser Orden auf die deutsche aufrichtige Redlichkeit, und dann auf die französische liberté (keineswegs auf Libertinage) und franchise mit größten Theils angesehen.

Art. 40: Es soll kein Ordensbruder seine Pfeife Taback bei einem Talglichte, sondern bei einer glühenden Kohle, oder doch wenigstens bei einem reinen Wachslichte anstecken.

Art. 41: Der dumme Snack: Pootjes, Pootjes, du olle Schelm, slupper joost etc. muß und soll von jedem Ordensverwandten herrecitieret werden.

Art. 42: Es trinken die Ordensverwandten niemals eine Gesundheit, sie choquieren den à la ronde mit den Gläsern.

Art. 45: Die allererst nach Universitäten gehen wollen, werden in diesem Orden nicht admittieret. Das Frauenzimmer aber mag so jung seyn als es will, sie finden Reception.

Art. 53: Wenn nicht bey der Tafel gesungen wird, da soll auch das Küssen nachbleiben. Wo es aber an ein Singen geht, wie im Art. 38 die Arien benannt sind, »da is het glaasje van Vrolgheit alltomers een honnet« unter den Ordensverwandten durch die Bank permittieret.

Art. 54: Es werden von allerhand Religionen in diesem Orden recipiret il suffit d'être une honette personne, die Religion aber, welche das Schweinefleisch und das Weintrinken verbietet, wird vermieden und in diesem Gelach nicht geduldet.

Art. 55: Wenn einer von den Ordensverwandten stirbt, es sey männlichen oder weiblichen Geschlechtes, da soll zum allerwenigsten ein Monat von allen übrigen Ordensverwandten mit petit deuil getrauert werden.«

Bis dahin. Wenn sich an den Ordenstagen, dem Hubertus

fest natürlich und dem Georgstag, aber auch beim Feste des hl. Andreas, diese vergnügten Hirschfänger trafen, mag es recht hoch hergegangen sein. Man kann sich jedenfalls vorstellen, wie die drei Stifterkavaliere sich eine ihnen gemäße Jagdgesellschaft mit ihrem Ring der gekreuzten Jagdhörner geschaffen haben. Es waren Seelenverwandte der Clevischen Gecken und der Gothaer Einsiedler und all der fröhlichen Trinkorden in Frankreich, Vertreter der Ausgelassenheit in einer Zeit beschwingter Lebensfreude und lockerer Sitten. Diese freilich waren ja statutenmäßig hochgehalten, die Statuten wurden bei der Neuaufnahme jedes neuen Ritters von allen neu beschworen. Man braucht sich also keine große Sorge wegen der Libertinage zu machen, es waren trotz allem harmlose Vergnügungen, die das Ausmaß heutiger Feste von Nichtrittern bei weitem nicht zu erreichen vermögen.

Wenn man für einen Augenblick die Strecke der Entwicklung zurückschaut und die rasante Neigung der immer abschüssiger werdenden Bahn vom Erhabenen zum Lächerlichen betrachtet, hat man die Möglichkeit, entweder zu resignieren vor soviel Banalität und Alberei oder zu lächeln über die Einfälle, mit denen die Menschen zu allen Zeiten unermüdlich die Würdigkeiten der Welt anmutig zu greifbaren und damit überwindlichen Alltäglichkeiten herabdrücken, sie zu sich ziehen und sich mit ihnen einrichten. Der stolze, aufs Ewige gerichtete Anlauf der Kreuzritter, einer hohen Idee dienend und Großes wagend, ist längst vergessen – jetzt geht es um kuriosere Neustiftungen: Trinkorden, Freundschaftsbünde, Narrenorden, Mäßigkeitsorden, endlich Bruderschaften und – Damenorden! Von diesen mag im nächsten Kapitel die Rede sein.

Collier und Ordenskreuz
oder Die Orden der Damen

Den Damen sind die blitzenden Ehrenzeichen an den Frackrevers der Herren meistens – und heutzutage fast immer – unverständlich und bisweilen sogar zuwider. Man argumentiert mit den viel hübscheren, modischeren und kostbareren Colliers, Nadeln und Clips an der ebenfalls viel vorteilhafteren femininen Vorderansicht. Der »Klempnerladen« des Mannes mag in Kriegszeiten noch hingehen, da wirkt er als eine Art Ausweis bewiesener Männlichkeit und hat bei Mädchen und Damen, die für derlei Tugenden in solchen Ausnahmezuständen Interesse und Bewunderung zeigen, einige Aussicht, entsprechend honoriert zu werden. Mitten im Frieden aber und zumal in einem so schwer errungenen wie dem augenblicklichen, sehen die weiblichen Partnerinnen des öffentlichen Lebens ihre männlichen Begleiter in der überwiegenden Mehrzahl lieber schlicht korrekt als außergewöhnlich dekoriert neben sich.

Das war nicht immer so. Daß die Damenwelt es der männlichen an Ordenspracht wenn auch nicht gleichtun, so doch aber nacheifernd ihr ähnlich sein wollte, erweisen die vielen Damenorden, die seinerzeit den Diamantencolliers und Edelsteinbroschen keinerlei Rivalität machten, sondern sich an einer feierlichen Robe im Lichterglanz eines festlichen, gar offiziellen oder Hofabends ohne weiteres damit vertrugen.

Wer weiß, ob nicht die verächtlich über derlei redenden jungen Damen von heute sich vor noch nicht fünfzig Jahren fleißig um den sächsischen Sidonienorden oder den There-

Großkreuz des kaiserl. russischen
Ordens vom Hl. Andreas.

sienorden bemüht hätten. Das streiten sie freilich heute energisch ab, aber die Begriffe wandeln sich, wie man aus erlittener und erlebter Erfahrung weiß; einem Orden der *Sklavinnen der Tugend* anzugehören mag heutzutage keiner attraktiven Dame der höheren Gesellschaft mehr ein Gran Anstrengung entlocken.

Und doch war dieser Orden der älteste und vornehmste Damenorden Europas. Er entstammte einem Gedanken der Witwe des Kaisers Ferdinand III. Diese erlauchte Frau vereinigte um sich dreißig ihrer Hofdamen und gründete mit ihnen eine Gruppe fraulichen Vorbildes ernster und frommer Lebensführung zu Wien. Diese Prinzessinen – denn unter dem tat es die Kaiserin nicht – hatten sich gehörig zusammenzunehmen in punkto der eigenen und der Tugend ihrer Freunde, sonst war's aus mit dem Sklavinnenruhm.

Äußeren Ruhm trug die Mitgliedschaft nicht ein – es war reine Ehrensache, jedenfalls ist den Statuten nichts weiteres darüber zu entnehmen. Das Abzeichen war nicht sonderlich schön: keine Pretiosen, keine Goldkette, kein Diamantstern, kein Medaillon, sondern nur ein kleines Sonnen-Oval trugen die Damen Sklavinnen an der Brust. Ein schmaler Lorbeerkranz war darumgeflochten, und die Inschrift »sola ubique triumphat« war kein rechter Trost. Zur Andeutung des Sklavinnendaseins umgab das Abzeichen ein Kettchen, mit dem man es am linken Oberarm befestigen konnte. Da man schon damals nicht immer ärmellose Kleider trug, wurde der Orden meist an einem schwarzen Bande an der Brust getragen. Der Wille zu gottgefälligem Lebenswandel und tugendhafter Vorbildlichkeit hat sich immer wieder einmal für eine Damenorden-Stiftung verwerten lassen.

Als Kaiserin Eleonore 1662 ihre Tugendsklavinnen zusammengeschlossen hatte, brauchte es nur sechs Jahre, bis sich andere österreichische Damen zum *Orden der Kreuzträge-*

rinnen formierten. Die Monarchin war offenbar sehr bemüht, in Wien musterhafte Sitten einzuführen.

Dieser, wie er später hieß, *Sternkreuzorden* war der langlebigste österreichische Damenorden, und er bot allerlei gesellschaftliche Vorteile. Er besteht trotz aller Umwälzungen und Revolutionen in seinen letzten Ausläufern noch heute. Seine Gründungsgeschichte ist ein Stück habsburgische Historie: in Wien wurde ein kleines Stückchen Holz verehrt, das vom heiligen Kreuzstamm abgesplittert sein sollte. Maximilian und Ferdinand III. nahmen die Reliquie sogar ins Feld mit. Bei einem Feuer in der Hofburg im Februar 1668 wurden die Zimmer der Kaiserinwitwe arg in Mitleidenschaft gezogen, aber die Reliquie mit dem heiligen Kreuzes-Span blieb unter den Trümmern unversehrt. Das schien ein seltenes, aber eindeutiges Zeichen zu sein, es wurde vom Hof und von der Kirche als solches gewertet. Prozessionen wurden veranstaltet, ein Dokument darüber niedergelegt.

Für die Kaiserin war das jedoch ein neuer Anlaß zur Stiftung eines Damenordens. Sie ließ sich das neue Institut schon im Juli von Papst Clemens IX. feierlich bestätigen. Im September desselben Jahres machte sich der regierende Kaiser Leopold I. zum Patron des Sternkreuzordens, Eleonore wurde »Oberste Schutzherrin«.

Diese adlige Damenversammlung verlieh ihren Mitgliedern den Rang einer »Sternkreuz-Ordensdame« und gab als Abzeichen ein ovales Medaillon aus, das ebenfalls an einer schwarzen Schleife an der Brust getragen wird. Auf dem schwarzgoldenen Doppeladler ruht ein blaues Kreuz, das ein kleineres rotes einfaßt. Dieses soll an das berühmte Kreuzstück von Golgatha erinnern. Bis auf Kaiserin Zita waren alle österreichischen Monarchinnen »Oberste Schutzfrauen« dieses Ordens. Sie übertrug ihre Würde auf die Gattin des Erzherzogs Otto von Habsburg, der der habsburgische Thronprätendent ist. Noch heute haben die katholischen Damen die drei Grundvoraussetzungen zur Aufnahme zu erfüllen: sie müssen nach allen Seiten hin adliger Abstammung sein, einen adligen Mann haben, echte Seelengröße beweisen, einen tadelsfreien Lebenswandel aufzuzeigen haben. Auf alten Bildern kann man hohe habsburgische Damen oft mit der Sternkreuz-Medaille an der Brust dargestellt sehen, sie tragen dann diese Dekoration nicht so sehr als Mitgliedsabzeichen einer besonders tugendhaften Damengruppe, als vielmehr zum Ausweis ihrer Zugehörigkeit zu höchster österreichischer Nobilität.

Diese Gründung war eine durchaus dem Geiste des 17. Jahrhunderts gemäße, barocke Angelegenheit, mit allem Pomp und aller religiösen Großartigkeit dieser Epoche ausgestattet. Schon 300 Jahre zuvor haben einige tapfere Damen es auf ihre Weise zu einem Orden gebracht.

Als 1338 im Feldzug des portugiesischen Königs Johann I. gegen den Kastilier Juan I. von jenem besoldete Engländer die Festung Placentia berannten, gelang ihnen keines ihrer beharrlichen Belagerungsmanöver, denn nicht die mannhaften Bewohner, sondern deren wackere Frauen hatten in der Festung das Regiment.

Sie heizten ihren Männern gehörig ein. Sie hatten sich selbst in kriegsstarke Gruppen formiert, mit denen sie an den umkämpften und gefährdetsten Stellen auf den Wällen und Türmen auftauchten und den Briten Schrecken einjagten. Die Insulaner aus dem Norden hatten offenbar sehr bald genug von diesen hartnäckigen Verteidigern und gaben es auf, nachdem die Frauen einen wütenden Ausfall erfolgreich unternommen hatten.

Es klingt wie ein Märchen, aber es ist dokumentierte Geschichte. Der König Juan verlieh den unglaublichen Mannweibern einen Orden: er gab ihnen das Rangabzeichen der Offiziere, die Feldbinde in Gold, und verlieh ihnen das Recht, die Schärpe »über der weiblichen Kleidung mit allen Privilegien zu tragen«.

Was die Berserker-Damen davon hatten?

Seinerzeit eine ganze Menge. Sie wurden Standespersonen, hatten einen ersichtlichen militärischen Rang. Offizier seiner Majestät zu sein, war damals noch etwas. Wer die goldene Schärpe trug, hatte Anspruch auf militärische Ehrenbezeigung, Zugang zu Hofe und rückte im gesellschaftlichen Treppenspiel eine Stufe nach oben.

Der Damenorden *von der Schärpe* ist nur eine persönliche Auszeichnung. Sie erlischt, wenn die letzte Trägerin der Schärpe verstorben ist.

Nicht nur mit goldenen Schärpen, auch mit Knoten wurden edle Damen beglückt, zum Zeichen, daß man sich ihrer bei Hofe günstig erinnerte.

Den *Orden vom Knoten* hatte die Königin Johanna von Neapel 1347, also ganz zur gleichen Zeit gestiftet, wie es possierlich heißt, »im Gedränge mancher Verlegenheit mit Thronbewerbern«. Die Dekoration war ein goldener Knoten als Sinnbild dafür, daß sich die Regentin an ihre Freundinnen gebunden fühlen wollte, wie sie umgekehrt auch erwartete, daß diese sich zu ihr bekennen würden, wenn sie der Goldknoten daran erinnerte. Das Gedränge mit den Thronbewerbern mußte ziemlich schlimm gewesen sein, daß man sich durch einen Orden seiner Vasallen versichern mußte. Ob und wieweit die goldenen Knoten geholfen haben, ist freilich unbekannt.

Es gab auch Strickdamen. Eigentlich kein Wunder, daß nach Schärpen und Knoten auch die Stricke für Damenorden verwendet werden, Textilien liegen bei Weiblichkeiten doch ziemlich nahe, gleichgültig, ob als Material oder fertiggewebt.

Die Strickdamen stammen aus Frankreich. Sie gehörten zum *Ordre des dames chevalières de la cordelière*. Das waren nicht etwa lauter Verurteilte, sondern Frauen, die den Strick als Symbol der Bindung anerkannten. Die Zeit war voller Sinnbilder und mystischer Symbole, derartiges lag nahe.

Wenn die Neapolitanerin ihren Freunden den geknoteten Strick gab, um ihre Bindung zu betonen, so hatte Anne von Bretagne nach dem Tode ihre Mannes Karl VIII. das Gegenteil im Sinn. Sie wollte mit dem Strickorden andeuten, daß sie sich endlich von den lästigen Ehebanden befreit fühlte. Natürlich war so ein emanzipiertes Gefühl in einer so kirchenstrengen Zeit geheim. Die offizielle Lesart mußte demnach anders lauten, möglichst religiös. Der Stiftungsurkunde nach waren also die Stricke gemeint, mit denen der heilige Franz von Assisi gegürtet war. Aber es ist doch recht amüsant, zu lesen, wie sich allerlei hochgestellte Damen in ähnlicher Lage wie die Königin sogleich die richtigere Deutung zu eigen machten und das Ordenszeichen vergnügt in diesem Sinne trugen. Viele ahmten auch die Gewohnheit der Witwe Anna nach, um ihre Wappen Stricke und Zweifelsknoten zu schlingen. Das hat sich bis ins 18. Jahrhundert erhalten.

Schärpen, Knoten, Ketten, Stricke – alles ungewöhnliche Orden für den, der sich unter diesem Namen eine allerliebste blitzende Anstecknadel für die dekorierten Damen erwartet. Das gab es erst später.

Einige Jahre vor dem Wiener Sternkreuzorden gab es in Schweden einen Damenorden, den die Witwe des bei Lützen gefallenen evangelischen Königs Gustav Adolph zu seinem Andenken gestiftet hatte. In einem gekrönten Herz war das Grab des toten Königs zu sehen. Eine sehr rührende Geste, aber eben eigentlich kein Orden, sondern ein Erinnerungszeichen für Hinterbliebene und nachtrauernde Freunde.

Bleiben wir in Schweden und erzählen etwas von der berühmten und abenteuerumwitterten Königin Christine. Sie hat vor ihrer Konversion ein absolut weltliches, recht lustiges Leben in Stockholm geführt. Sie gab Feste, von denen die europäische Welt sprach, und trieb es oft erstaunlich emanzipiert, selbst für die damalige Rauheit der Sitten.

Am Dreikönigsabend des Jahres 1653 war wieder so ein Ball, und die ausgelassene Königin verliebte sich, dem Vernehmen nach, in den jungen und eleganten portugiesischen Botschafter Pimentel. Wie seinerzeit ein beliebter Brauch, stand das Fest unter einem Motto: die Königin ging als Hirtin, und dementsprechend war alles aufs Ländliche hin angelegt. Aus der Laune des Abends und unter dem Eindruck der Empfindungen für Pimentel stiftete sie bei diesem Anlaß den *Amaranthenorden*; der nette Portugiese stammte aus Amaranti! Sie erlaubte allen anwesenden Damen und Herren, den Orden zu tragen, und gab später 15 Mitgliedern das Recht, allsonntäglich mit ihr zu speisen.

Der Orden war ein goldener Lorbeerkranz mit zwei ineinandergeschlungenen A, von einem Devisenband umschlungen – »dolce nella memoria«.

Freilich hat die Königin nicht viel und nicht lange etwas von ihrem Orden gehabt, denn sie hatte mit vielen Schwierigkeiten zu kämpfen und wandte sich schließlich ganz vom irdischen Treiben ab. Lange nach ihrem Rücktritt, erst 1860, hat man in Stockholm eine Neugründung des Ordens versucht – vergeblich, der Geist der frohen Barockfeste war vorbei, die außergewöhnliche Königin unersetzlich.

Der Amaranthenorden war in diesem Sinne kein ausgesprochener Damenorden, nur daß er von der hervorragendsten Repräsentantin ihres Geschlechts zu ihrer Zeit gestiftet wurde und viele großartige Frauen ausgezeichnet hat, die ihn im Geiste der hohen Stifterin getragen haben.

Von ganz anderem Geiste ist der preußische *Luisenorden* getragen. Er vereint in sich vaterländische Opferbereitschaft und anhängliche Verehrung für jene große preußische Königin, die in ihrem Leben auf ganz andere Weise viel zu erdulden gehabt hatte, die Gattin Friedrich Wilhelms III., Luise von Mecklenburg-Strelitz.

Diese Königin mit der Duldermiene ist zum Ansporn für einige vaterländische Damenklubs geworden, die später in deutschen Mittelstädten ein Zentrum treupreußischer Gesinnung bildeten. Die Mitglieder des *Luisenordens* und aller ähnlichen Vereine trugen blaue Kleider, weil die verstorbene Königin Kornblumen so geliebt haben soll. Die Ziele dieser Vereine gleichen dem Motto auf dem – seinerseits blauemaillierten – Luisenorden: »Anerkennung des edlen Strebens der Frau«. Das Motto galt nun besonders der Tätigkeit aller vaterländischen Frauen während der Freiheitskriege, daher trug das schwarze Ordenskreuz auch die Jahreszahlen 1813/14 bzw. die der Erneuerung 1848/49 eingraviert. Die gestalterische Lösung ist recht geglückt: in dem blauen Mittelschild sind um das Initial des Namens der Königin goldene Sterne, und zwar sieben, eingedenk der Zahl ihrer Kinder, angeordnet.

Auch dieser Orden entzieht sich der Betrachtung in diesem Zusammenhang. Er ist zu innig, zu symbolistisch, um ein rechtes weibliches Prunkstück zu sein. Da muß man schon ins zaristische Rußland gehen. Der *Katharinenorden* ist eine Vereinigung von Schmuckstück und hohem Orden. Er wurde für eine Frau gestiftet und von Männern ausnahmsweise getragen, wenngleich später öfter an die Männlichkeit verliehen.

Seine Geschichte ist ganz amüsant. Der Zar Peter I. hatte eine angebliche baltische Waise namens Martha geheiratet, nachdem er sie bei seinem Freunde, dem Fürsten Menschikow, entdeckt und zu sich genommen hatte. Jahrelang blieb es ein offenes Geheimnis, daß der Zar mit ihr zusammenlebte, und auch dann hat er sie zunächst nur heimlich geehelicht. Das war 1711, und gerade in diesem Jahre wurde der Türkenkrieg am Pruth so bedrohlich, daß der Zar dort mit seinen Truppen eingeschlossen wurde. Da machte sich in der höchsten Not eines Nachts die Zarin auf, um in das Lager des Großwesirs zu spazieren und Verhandlungen zu pflegen. Weiß der Kuckuck, wie sie es fertiggebracht hat: am anderen Morgen rückte der Türke ab. Das Lager und der Zar waren frei.

Für diese außerordentliche Tat stiftete der Herrscher aller Reußen den *Katharinenorden*. Allerdings hat er seine Martha erst einmal öffentlich und zeremoniell geheiratet. Die frischgebackene Zarin bekam bei dieser Gelegenheit nicht nur den Namen der Heiligen, sondern auch das erste Abzeichen des nach ihr benannten Ordens. Dies war nun ein prächtiges Stück. Es konnte ohne weiteres als brillanter Ansteckschmuck gelten: ein großes Brillantkreuz mit einem ovalen Schilde drin, ganz aus Gold, auf dem das Bild der heiligen Märtyrerin zu sehen ist. Später gab es noch einen funkelnden Stern dazu, eine Klasseneinteilung folgte, es wurden Groß- und Kleinkreuze verteilt – aber zu Lebzeiten des Zaren hat nur seine Gattin diesen Orden getragen. Das ist ein sehr charmantes und hochherziges Kompliment für weibliche Tatkraft und feminines Einfühlungsvermögen. Die Diamanten auf den acht Spitzen des Sternes waren allein ein Vermögen wert. Katharina wußte das zu schätzen. Sie hat später als Alleinherrscherin viele dieser kostbaren Orden mit ihrem Namen verliehen, unter anderem an ihren Günstling. Nun ja, das war der Lauf der Welt, und niemanden, vor allem nicht die verehrten Damen, wird es gewundert haben. Ob es heutzutage noch jemanden verwundern kann? Kaum, fürchte ich.

Daß Frauen auch ganz männliche Verdienstorden haben konnten, zeigt die Geschichte der Ärztin Heidenreich in Hessen. Es gab im Großherzogtum Hessen, also in Hessen-Darmstadt, den Orden Philipps des Großmütigen. Den hat am Namenstage des Großherzogs Anno Domini 1854 eine seinerzeit hochverehrte und berühmte Frauenärztin bekommen. Sie hieß Frau S. Heidenreich, war eine geborene Siebold und als geschickte Geburtshelferin im ganzen Land bekannt und begehrt.

Mit dem Ritterkreuz des *Philippsordens* wurde sie eine der ersten bürgerlichen, wissenschaftlich »befreiten« Frauen, die einen Orden für ihre erfolgreiche Berufsausübung erhielten. Vielleicht war sie überhaupt die erste. Diese Frau Marianne Theodore Charlotte war 1791 in Heiligenstadt geboren worden, nahm den Namen ihres Stiefvaters an und studierte Medizin. Auch ihre Mutter war bereits Dr. med. gewesen und hatte sich ebenfalls als Geburtshelferin in Darmstadt niedergelassen. Unsere Ritterkreuzträgerin studierte in Gießen, diskutierte in einer öffentlichen akademischen Disputation – wie einst weiland Doctor Martinus Luther in Wittenberg – ihre wissenschaftlichen Lehrmeinungen und hatte später die Entbindung der Herzogin von Kent durchgeführt. Das Mädchen, das da geboren wurde, war die spätere Königin Victoria von Großbritannien! Die fleißige und tüchtige Frau Dr. Heidenreich promovierte 1829 und machte sich auch einen Namen als Autorin medizinischer Fachbücher. Und das im standesbewußten 19. Jahrhundert: eine einfache Ärztin als Ordensträgerin! Natürlich ist das ein seltener Fall. Ein Damenorden wurde der Philippsorden durch diese Verleihung nicht.

Um die Jahrhundertwende und während des Siebziger Krieges wurden nach dem Vorbilde des Luisenordens einige kleinstaatliche deutsche Damenorden gestiftet. Die hilfreiche Einsatzfreudigkeit vieler vaterländischer Damen mußte belohnt werden; sie hatten sich für allerlei Lazarettdienste karitativer und schwesterlicher Art bereitgestellt und warteten nun nach dem Kriege auf den Lohn des Vaterlandes. So schufen die Landesfürsten fast überall solche Orden, die den hilfreichen Damen vorbehalten waren und von ihnen zu Recht mit besonderem Stolze getragen wurden.

Sachsen hatte den 1870 gestifteten *Sidonienorden*, der wie der *Maria-Anna-Orden* (1906 gestiftet) und die *Carola-Medaille* (1892) nur für Damen zu haben war. Die sächsischen Damen müssen eifrig bei der Sache gewesen sein, daß man ihnen gleich mit drei Orden verschiedenste Verdienste zu belohnen suchte.

Der 1871 in Württemberg gestiftete *Olgaorden* ging zuweilen auch an die Herren. Hatten die strengen Schwaben etwas dagegen, daß die Frauen ihren eigenen Orden haben sollten? In Lippe gab's seit 1910 den *Bertha-Orden*, Sachsen-Weimar konnte seinen tüchtigen Frauen das *Ehrenkreuz für Frauen und Jungfrauen* verleihen, und das schon seit 1899, während Braunschweig etwas nachhinkte: erst 1912 schuf man dort das *Frauenverdienstkreuz*. Klingt sehr ruppig – es war aber ziemlich begehrt.

Ganz anderes hatte es mit den Orden der alten adlig bayrischen Damenstifte auf sich. Es gab in Bayern zwei *Annenorden*, die zu zwei Stiften gehörten, das eine in München, das andere in Würzburg. Der Münchner Orden ist älter, den stiftete die Kurfürstin Maria Anna Sophia 1784 für den stiftsfähigen Landadel. Ursprünglich sollten nur zehn junge Fräuleins, die aber 16 Ahnen nachweisen mußten, im Stifte wohnen. Aber der Kurfürst Maximilian Joseph IV. hob die Kasernierung der Damen auf und stiftete statt dessen den »Präbendinnen« nach ihrer Heirat noch die Summe, die ihnen günstig gewährt war. Seitdem gibt es eine genaue Taxierung der aufgenommenen jungen Damen. Sie erhalten ab 1806, wenn der Vater vor dem Feinde geblieben ist, 500 oder 1000 Taler, die später wieder herabgesetzt werden – eine Art Währungsreform auch hier. Das Ordenskreuz konnte man für eine Taxe von 200 Gulden bekommen. Das Geld kam dann dem Stift zugute.

Die Würzburger hatten es ähnlich. Aber hier waren andere historische Voraussetzungen gegeben. 1803 hatte Maximilian Joseph diesen Damenorden gegründet, »zum Besten des erbländisch-landsässigen Adels und der Staatsdiener in den Entschädigungslanden« (den Bistümern Würzburg, Bamberg, Augsburg, Kempten, Freising, Passau, Eichstädt, 12 Reichsprälaturen und 15 Reichsstädten). Es war mithin eine Art Nachtrag zum Reichsdeputationshauptschluß mit seiner Mediatisierung und Säkularisation. Ausgegangen war man von einer Erbschaft, die eine Gräfin Dernbach schon 1683 testamentarisch hinterlassen hatte. Sechs, später sieben jungen Damen wurde hier die Möglichkeit einer adeligen Erziehung und Unterbringung geboten. Die Zahl wechselte immer einmal und die Präbende schwankte. Als Würzburg zu Bayern kam, wurde die Gründung aufgehoben, um bald wieder in neuer Form zu beginnen.

Der dritte bayrische Damenorden ist ein reiner Wohltätigkeitsorden, wie die Wahl der Patronin schon besagt: *Orden der hl. Elisabeth*. Den hat nun die Kurfürstin Elisabeth Auguste 1766 gestiftet, »für Mildtätigkeit gegen die Armen«. Es war eine höfische Ehrensache, dabeizusein, bisweilen einige Dukaten zu zahlen und die Mildtätigkeit an der Brust dokumentieren zu dürfen. Die tapfere und tatkräftige heilige Elisabeth hätte ihre Opfertätigkeit niemals mit den damenhaften Bemühungen der Münchner Prinzessinen vergleichen lassen.

Dann ist da der – ebenfalls bayerische – *Theresienorden*. Die Frau des Bayernkönigs Ludwig I. hieß Therese und hat ihn 1827 gestiftet. Dieser Orden wollte etwas ganz anderes, nicht Krankenpflege im Kriege und nicht staatliche Versorgung adliger Waisen oder Dekoration für höfische Mildtätigkeit, sondern er sollte armen unverheirateten adligen Damen eine Leibrente verschaffen. Also ein sehr praktischer und nützlicher Sinn! Wie stand denn so ein armes

Geschöpf mit soundso vielen Ahnen da, wenn plötzlich aus irgendwelchen Gründen die familiäre Basis verschwand und niemand da war, der die Mittellose heiratete? Die Königin setzte also ein Stammkapital aus, das sich durch die Gelder für die Verleihung des Ordensabzeichens ständig vermehrte, und stattete die armen ledigen Gräfinnen finanziell aus. Falls eine doch noch unter die Haube kam, war es natürlich aus mit der Prämie, ebenso, wenn sie von irgendwoher erbte. Wenn dann standesgemäß geheiratet wurde, durfte die Theresianerin ihr Kreuz weitertragen; wo nicht, ging es an den Orden zurück.

Und nun das Hübsche dabei: erst sollten es nur ein Dutzend Damen bleiben, mehr war wohl nicht in der Kasse, aber dann kam man auf die glänzende Idee, daß man auch Damen aufnahm, die nicht auf die Prämie spekulierten. Diese mußten dann freilich berappen. So füllte sich die Kasse, man konnte die Zahl der Unterstützten erhöhen. Mit der Eitelkeit der einen wuchs die Sicherheit der anderen.

Die still-erwartungsvolle Devise lautete: »Unser Erdenleben sei Glaube an die Ewigkeit.« Das Ordensabzeichen stellte eine fabelhafte Dekoration in Brillantenausführung dar. Bekamen sie auswärtige Souveränendamen, hing noch eine Krone daran. Sonst hatte man ein weiß-blaues Band, an dem das blaue Johanniterkreuz hing, in dessen Winkeln die bayrischen weiß-blauen Rhomben saßen. Das Ganze hat Ähnlichkeit mit dem derzeitigen Verdienstorden des Freistaates Bayern.

Orden vor die gelahrten Herrn und zur Poeterey

Es bestehen also seit vielen hundert Jahren Orden mit demütigen, religiösen, militärischen, missionarischen Zielen und zu allerlei possierlichen Zwecken, gestiftet von Souveränen oder solchen, die sich dafür hielten, von den Mächtigen und Großen dieser Welt, Kaisern und Königen, Durchlauchten und Gnaden, Päpste, Herzöge und Regenten. Warum soll sich eine freundliche Vereinigung von Menschen, die sich am Rande des martialischen oder zeremoniellen Lebens dieser Welt angesiedelt haben und einem stillvergnügten Zwecke huldigen, nicht auch ein schmuckes Abzeichen ihrer Gemeinschaft an den Hals hängen?

Warum soll der frommen Eintracht nicht ein Kreuz zukommen, wenn das gleiche Zeichen für manche Liederlichkeit und Bosheit, für viele Intrigen und Machtträume, für Gemeinheiten und Niedertracht vergeben wurde?

Das Zeitalter für solcherart Überlegungen ist das der »Empfindsamkeit«, in dem man sich in zierlichen Wendungen ganz sacht über die unschicklichen Gefühlsausbrüche früherer Epochen echauffierte, sich dabei versicherte, so etwas sei künftighin unmöglich kraft Einsicht für das bessere, weil von der Seele diktierte Handeln.

Ein *Orden der Eintracht* wurde von einem der aufgeklärten Fürsten dieser Zeit gestiftet und erweiterte seinen Kreis freizügig und großzügig ins beinahe Demokratische: für beide Geschlechter, für Adel und Bürgerliche, für jede Konfession. Das ist schon etwas Besonderes für das Jahr 1718.

Fürst Wilhelm Ludwig von Schwarzburg-Rudolstadt wollte

seine eigene, ganz eigengeartete Ordensgemeinschaft. Er kümmerte sich bei der Gründung seines Eintrachtsordens nicht um hergebrachte Sitten. Er versuchte etwas Neues, brachte das Literarische in die Ordensgeschichte. In der Tat ein ganz neuartiger Aspekt. Literarisch, also schöngeistig zu sein, hatte noch kein Stifter und kein Statut von einem Ritter verlangt. Poetische Ambitionen waren bisher noch kein Ausweis für Rittermäßigkeit gewesen, Verse ersetzten noch keine Ahnenreihe.

Nun wurde es einträchtig, feuilletonistisch, schöngeistig, literarisch. Es begann damit, daß der Ordensangehörige (Ritter kann man ja nun kaum noch sagen, denn »Ritter der Eintracht« klingt doch witzlos) seinen Namen ablegte, sobald er dem Orden zugehörte. Er wurde ein Neuer, er wählte einen neuen Namen.

Das hatte den Sinn, daß die poetischen Produkte der Mitglieder dem Ordensarchiv absolut pseudonym überantwortet werden konnten und persönliche Mißgunst verbannt war. Die Ordensgesellschaft kritisierte – eine frühe »Gruppe 47«? – diese Arbeiten freimütig und beurteilte den Autor nach ihren literarisch-künstlerischen Maßstäben, ehe sie das Opus für würdig hielt, ins Archiv zu wandern. Was dann freilich weiter damit geschah, verschweigt die Chronik.

Das Ordensabzeichen hatte aparterweise die Gestalt einer Weltkugel, auf der ein lateinisches Kreuz lag, von den Buchstaben V. L. B. E. umschwebt, weißemailliert, an einem blauen Bande hängend. Was die Initalien bedeuten, scheint nur den Ordensmitgliedern bekannt gewesen zu sein, es hat sich niemand weiter darüber ausgelassen. Man munkelte, dahinter habe früher eine geheime Verbindung gesteckt, das verlieh dieser Stiftung eine abenteuerliche Aura. Den Statuten nach war, außer dem Dichten, Gutes tun Vorschrift, denn *Eintracht* bezog sich ja nicht nur auf die Mitglieder des Ordens mit der Weltkugel (wie heute die

Stenographenvereine eine solche, vom Federkiel überschwebt, tragen), sondern auch auf aktive Liebestätigkeit den unliterarischen Mitmenschen gegenüber, die keine Verse schmieden konnten. Also lautete der Artikel Nr. 5: ». . . ebenso eifrig, wo und wie es immer geschehen kann, die Armuth ohne Ansehen der Person zu unterstützen . . .« Das »ebenso« bezieht sich nun wieder auf die vorhergehenden Artikel, in denen vorgeschrieben wird, man solle das Ordensweltkugelkreuz immer tragen, zum Exempel auch auf den Schlaf- und kommoden Studierröcken! Man solle auf alle mögliche Weise die Studien fördern helfen. Also auch die Studien anderer! Weiter heißt es in Artikel 6: ». . . guten Künstlern und wer sonst was Redliches erlernt hat, in ihrem Wirken und Leben behilflich zu seyn . . .« Artikel 7: ». . . keine Profession, so einigen Nutzen der Republik bringen möge, zu verachten, sondern vielmehr zu beschützen und zu befördern . . .« Der letzte Punkt der Statuten ist der geheimnisvollste. Da wird nämlich verlangt, daß jeder »sich zu dem Orden durch einen Revers legitimiere«. Wie das vor sich zu gehen habe, vermeldet der Text: »Die Angabe des selbstgewählten Ordensnamens, eine Erklärung der symbolischen Buchstaben V. L. B. E., das feierliche Versprechen, allen Ordensgesetzen sich zu unterwerfen, eine Art Selbstbiographie und Proben literarischer und wissenschaftlicher Arbeiten . . .« Man überdenke die tausend Varianten, die sich bei der Auflösung der Buchstaben V. L. B. E. ergeben . . ., ist etwa die formgerechte Abfassung einer Selbstbiographie nicht voller Tücken und Fallstricke? Wer ist schon in der Lage, dem hohen Orden einen zweifelsfreien Fragebogen abzuliefern!

Es scheint auch den Zeitgenossen um die Mitte des 18. Jahrhunderts schwergefallen zu sein, denn die hübsche Gründung war beinahe erloschen, als man am Geburtstage der Frau Ordensmeisterin (eine Frau an der Spitze eines literarischen Kapitels!) – es handelte sich um die Frau Dechantin von Gandersheim – den *Eintrachtorden* erneuerte und durch eine schmucke Tracht attraktiver machte. Der Fürst, gewiß mit einigem Rechte in seine Stiftung verliebt, hatte nach der Geburtstagsfeier alle Eintracht-Freunde zu einem »Tabacks-Collegio« gebeten, woselbst man in aller Ruhe die Zukunft des Vereins überdachte, sich hübsche neue Regeln einfallen ließ und dabei den kommenden Generationen Gelegenheit zur Nacheiferung gab. Es war nämlich die Frage, ob diese Erneuerung noch vom ersten Stifter oder nicht vielmehr von dessen Enkel, dem Fürsten Johann Friedrich, ausgegangen sei und ob dieser freundliche Gourmet das Tabakskollegium nicht als feste Einrichtung nach jeder Ordensversammlung eingeführt habe. Dies würde das längere Leben des Klubs verständlicher machen, denn immerhin wurde eine offenbar ganz annehmbare Bereicherung des öden höfischen Treibens in Rudolstadt daraus. Man traf sich, machte seine Gedichte, reichte sie dem Archiv ein, machte sich immer neue Gedanken über die Geheimbuchstaben und qualmte danach fröhlich miteinander, bis man sich vertagte, um das nächste Mal das gleiche zu wiederholen, angereichert durch possierlichen Hofklatsch, gesellschaftliche Kabalen und freundschaftliche Gefühle, wie sie heutzutage von Parties absorbiert zu werden pflegen.

Diese Gründung hatte einen bürgerlichen Vorgänger älterer Art in Lübeck. Dort hatten sich bereits 1479 einige unternehmungslustige Patrizier zu einer *Zirkelgesellschaft* koordiniert. Die hatte freilich schon einen religiösen Charakter mit mystischer Verkleidung: Das Ordenszeichen war ein Kreis (der Gott darstellen sollte), in dem ein gespaltener Zirkel lag, welcher die Dreieinigkeit symbolisierte. Diese Zirkelgesellschaft hat sich durch die verschiedenen politischen Zeiten gerettet, wurde von Kaiser Friedrich III. 1485 bestätigt, nach manchen Stagnationen im 17. und

18. Jahrhundert erneuert, von Kaiser Joseph II. 1778 wiederum bestätigt. Beim Untergang des Heiligen Römischen Reichs Deutscher Nation waren nur noch zwei Zirkelgenossen übrig.

Zurück zu den fröhlichen Literaten in Rudolstadt! Sie fanden bald Nachahmer, denn die Idee war für ihre Zeit einfach glänzend.

Nicht weit entfernt, in mitteldeutscher Nachbarschaft, saß auf Schloß Friedrichswerth bei Gotha der dortige Herzog Friedrich III. Dieser hatte seinem Freunde, dem Grafen Gotter in Malsdorf, vielleicht von den Rudolstädtischen Unternehmungen berichtet, und so kamen die beiden fürstlichen Schöngeister auf eine geistesverwandte Idee: sie machten einen eigenen Feuilletonklub auf. Aber hier wollte man doch das geistliche Vorbild keineswegs vermissen. Man nahm sich das Beispiel der ganz strengen Schweigeorden zum Vorbild und trug bei den Zusammenkünften zünftige Eremitengewänder! Zudem baute man im Park von Friedrichswerth, gleich neben dem Lustschloß, eine Reihe von separaten Klausen, wohin die Mitglieder sich zurückzuziehen hatten, wenn sie in »strenger Abgeschiedenheit dem Ordensleben sich widmeten«. Es muß ein amüsantes Ordensleben gewesen sein, denn auch die Damen der Mitglieder waren gleichberechtigt zugelassen. Der Vereinsruf, das Feldgeschrei, die Parole lautete: »Vive la joie!« Unter dieser Devise tummelte man sich als literarischer Eremit im *Orden der fröhlichen Einsiedler auf Schloß Friedrichswerth.* Wer hätte da nicht Klubmitglied sein wollen? Eine lebenslustige Gemeinschaft von meist etwas albernen, doch bisweilen wohl auch ganz originellen und auf alle Fälle ganz und gar aufgeklärten und freigeistigen Leuten, teils gebildet, teils nur alert, mindestens aber zu allem Unsinn und jedem Vergnügen bereit, traf sich im Kostüm der Vergangenheit rein zum Jux füreinander und zur Unterhaltung der beiden Fürstenfreunde. Es war Vorschrift, »Verdruß und üble Laune aus der Seele zu verbannen, stets gleiche reine Freude und Einigkeit zu bewahren und sein Ausbleiben von der Versammlung durch einen scherzhaften Brief zu entschuldigen«. Während vergnügt und ausgelassen getafelt wurde, mußten französische Chansons vorgetragen werden. Um die Mitte des Jahrhunderts waren es immerhin 71 fröhliche Einsiedler zu Friedrichswerth, das wilde neue Jahrhundert hat den Klub getilgt.

Seinen Namen abzulegen, wenn man einer solchen Vereinigung beitrat, war mittlerweile Sitte geworden bei den Neugründungen dieser Zeit. Auch die berühmte *Fruchtbringende Gesellschaft*, die sich zugleich als *Palmenorden* in der Ordensgeschichte findet, hat das von ihren Mitgliedern gefordert.

Es war noch etwas früher, als der wirklich recht gelehrte und bildungseifrige Weimarer Herzog Johann Ernst anläßlich eines Fürstentreffens in seiner Residenz auf die damals allgemeinen Akademien und gelehrten Gesellschaften zu sprechen kam und so etwas auch in seinem Lande haben wollte. Man machte kein langes Federlesen, sondern formierte sich, wie man eben gerade zusammen war, zu einer eigenen, der *Fruchtbringenden Gesellschaft*. Weil der Palmbaum so nützlich ist und ungefähr alles von der Palme zu gebrauchen ist, wurde dieser Baum zum Sinnzeichen des Ordens. Es wurde eine stattliche Versammlung deutschen Hochadels. Zu den über 300 bürgerlichen Professoren und Gelehrten kamen ein König, drei Kurfürsten und einige hundert Herzöge, Mark-, Pfalz- und sonstige Grafen usw. Der erste Präses wurde Fürst Ludwig von Anhalt. Lange hat die so eilfertig begründete Institution nicht bestanden: am 24. August 1617 gestiftet, war sie schon 1680 wieder erloschen. Schade, daß sich in Deutschland so eine generöse Kopulation zwischen Adel und Wissenschaft nicht lange zu behaupten vermag. Immerhin sind allerlei interessante Strömungen auf die Geistigkeit der Zeit von der Fruchtbringenden Gesellschaft ausgegangen, sie hat Anregungen, Gedankenaustausch und Beziehungen zwischen deutschen und ausländischen Gelehrten gefördert. Die Palme hat ihre Pflicht getan. Allerdings war die ursprüngliche Idee gewesen, der Orden solle der »Erhaltung deutscher Treue« dienen und die Bildung der deutschen Heldensprache fördern. Das hat er nicht vermocht.

Zur gleichen Zeit, nämlich fast in der Mitte des 17. Jahrhunderts, waren zu Nürnberg auch die Bürger und Handwerker auf den Plan getreten. Siehe »Die Meistersinger« von daselbst! Die waren es hier nicht, sondern der *Pegnitzorden*, der sich wortreich und ausdrücklich *Löblicher Hirten- und Blumenorden von der Pegnitz* genannt hatte. Die Hirten von der Pegnitz waren die ordentlichen und nach Höherem strebenden Mittelständler, die sich der Anregung zweier Ratsherren anschlossen und sich den Statuten gemäß befleißigten, »daß durch sie samt und sonders und durch ihre poetischen Gedichte des dreieinigen Gottes Name und Ehre auf eine rechtschaffene und ungeheuchelte Weise gepriesen und nach ihrem Vermögen weiter ausgebreitet werde«. Dazu kam noch eine den späteren Jacob Grimm vorwegnehmende Auflage, nämlich »die deutsche Sprache in ihrer natürlichen Art zu erhalten«. Also doch Meistersinger! Die beiden Stadträte mit den poetischen Ambitionen – sie hießen Georg Philipp Harsdörfer und Johann Klaj – hatten eine ganz moderne Idee: sie pachteten für ihren Orden vom Nürnberger Gebiet ein Grundstück, wo die Mitglieder ungestört ihrem Sinnen und Trachten nachhängen konnten. Die erste Dichtersiedlung in der Geschichte der deutschen Orden! Daß das Gebiet, welches der Rat der Stadt seinen poetisierenden Mitbürgern überließ, »Irrhain« hieß, ist reiner

Zufall. Dort konnte jeder der Herren Gesellschafter eine eigene Hütte – freilich auf eigene Kosten – bauen. Auch hier Einsiedler, Eremiten, literarische Trappisten!

Die Werke der irrhainischen Poeten mußten ehe sie veröffentlicht werden durften, dem Urteil des Ordens unterworfen werden. Das war genauso wie beim *Eintrachtorden*, auch hier bekam jeder Neue seinen Namen, nachdem er 6 Taler Eintrittsgebühr erlegt hatte. So schnell wird man Ordensritter, Literat und Klausenbesitzer!

Das sind immerhin, wenn auch bescheidene und von der organisierten Wissenschaft unseres Jahrhunderts her gesehen, bagatellenhafte, so doch seinerzeit originäre Versuche, auf dem Umwege über das Ordenswesen die Gelehrsamkeit der Zeit in einen registrierten und »erfaßbaren« Rahmen zu bringen, sie übersichtlich zu machen, wenigstens was ihre Vertreter betrifft, und ihr eine Repräsentation zu geben, die sich dann allerdings in den Formen der Tradition darstellte. Was wundert's? Immer gießt sich in eine todsichere Form ein anscheinend nagelneuer Inhalt, der dann verzweifelt gegen die zu eng gewordene Haut kämpft, bis er sie abstreift, um sich eine eigene zu geben, die dann wieder für neue Inhalte alte Form ist, und so fort, auch ohne Ordensband und Satzungen bis auf den heutigen Tag.

Wissenschaft hat sich zu allen Zeiten gern und gefällig in Akademien, Gremien und Orden schicken lassen, hat die Talare und Ketten, Kreuze und Federhüte mit dem Vorzug der Besonderheit zur Schau getragen und sich vom unakademischen Pöbel darum anstaunen und beneiden – oder verlachen lassen.

Das berühmteste Überbleibsel aus dieser barocken Zierde der Gelehrsamkeit, die *Académie française*, trägt noch heute den grünen Frack mit dem attraktiven Gefühl der Vorzüglichkeit und Vornehmheit, mit der Aura des Außergewöhnlichen, man wird noch davon hören. Jedoch, die

Erfindung des Diplomatenfracks für ein geistiges Kollegium ist nicht von ihr. Der *Joachimsorden* hatte sie früher!

Orden, Loge oder Sekte?

Mit dem *St. Joachimsorden* geraten wir unversehens in die mystisch-abenteuerlichen Abwege der Ordensgeschichte, dorthin, wo sich die angelegentliche Pflege alter Traditionen mit der grotesken Verkennung der Realitäten kreuzt, so daß sich eine peinliche Mischung echter Möglichkeiten und abstruser Unsinnigkeit ergibt.

Seinem Ursprung nach war auch der Joachimsorden eine jener Freundschaftsdekorationen, die ein sympathisierendes Gefühl des einen für den anderen ausdrücken und äußerlich anzeigen sollten »zur wahren und vollkommenen Freundschaft, dann zur Verteidigung der Ehre der göttlichen Vorsehung«. Mit dem zweiten Programmpunkt kommt nun schon etwas Religiöses hinein, eine verspätete Kreuzzugsidee, denn die Ehre der göttlichen Vorsehung zu verteidigen ist doch kaum eine Sache für einen im 18. Jahrhundert gestifteten adligen Orden. Wie hatte man sich das gedacht?

Als am 20. Juni 1755 einige Herzöge und Fürsten – darunter der Sachsen-Coburger, der von Württemberg-Oels, der Piccolomini und viele andere – den *Providenzorden* gründeten, da öffneten sie ihn auch ihren Damen und wünschten seine Verbreitung über das ganze Deutschland. Es mag von vornherein eine großzügige und allgemeinverbindliche Sache geplant gewesen sein, denn nach einem Jahr – am ersten Ordenstage – wählte man den Coburger Herzog Christian Franz zum ersten Großmeister und ließ dabei den ursprünglichen Namen fallen und nannte ihn nun *Jonathansorden*. Das ließ sich offenbar auch nicht halten. So ging man endlich zu *St. Joachimsorden* über und hatte damit einen ganz seltenen Patron gewonnen, nämlich den Vater der Jungfrau Maria. Unter diesem geistlichen Patronat tat man Gutes, vereinte eine Hilfs- und Liebestätigkeit mit einem Stiftungswesen zugunsten des verarmten Adels und ließ sich dies als regelrechtes Institut von Kaiser Leopold II. im Jahre 1790 bestätigen.

Irgend etwas mußte an der Sache geheimnisvoll gewesen sein. Der mißtrauische und strenge Preußenkönig Friedrich Wilhelm III. verbot das Tragen der Dekoration. Dieses Ordenskreuz war weißemailliert mit acht Spitzen. Es trug in der Mitte ein Medaillon mit dem Bilde des hl. Joachim; auf der Rückseite hatte es ein grünes Tatzenkreuz. Die Kommandeurklasse hatte, wie bei anderen Orden auch, einen Stern dazu, die Ritter trugen das Kreuz am grünen Band. Die Insignien mußten unter strenger Strafe immer getragen werden, wer oft ohne Ordenskreuz erwischt wurde, der wurde ausgeschlossen.

Das alles ist nichts Besonderes, alle Orden haben inzwischen die heute noch geltende Gliederung ihrer Rangstufen aufgenommen: die Ritter tragen ihr »Kleinkreuz« an der linken Brust an einem Band, die Offiziere ein Steckkreuz, die Kommandeure das größere Kreuz an einem breiteren Bande um den Hals und das Großkreuz – die höchste Stufe – am breiten Cordon an der Hüfte. Die beiden oberen Stufen haben meist einen silbernen oder goldenen Stern dazu.

Aber die Uniform des Großmeisters! Sie bestand aus einem weißgesäumten Scharlachrock, weißer Weste und Hosen. Der Samtrock hatte grüne Aufschläge und Kragen, auf den silbernen Knöpfen war das grüne Tatzenkreuz zu sehen. Dazu trug man silberne Epauletten und einen Zweispitz mit weißer Plumage. War der Großmeister anwesend, hatten alle Ritter in ihrer – etwas schlichteren – Uniform zu erscheinen, mit Ausnahme der Offiziere und Geistlichen.

Sollte das etwa der erste Samtrock der späteren *Académie française* gewesen sein?

Wissenschaftliche Interessen hatte der Joachimsorden wohl nur am Rande. Seine Aufnahmezeremonien waren geheimnisvoll und umständlich. Da mußte man einen Bürgen stellen, Ahnenbeweise erbringen und ein charakterliches Führungszeugnis abliefern. Auch kostete die Sache eine Kleinigkeit, die Gebühren nahmen mit längerem Bestehen des Ordens zu. Das hat niemanden gehindert, beizutreten, im Gegenteil, die Exklusivität wuchs mit der Erhöhung der Aufnahmegebühren.

Auch bei den Damen gab es komplizierte Verfahren. Jedoch durfte jeder Ritter seine Tochter schon bei der Taufe als Aspirantin einbringen, sofern er eine »Commende«, eine Ertragsquelle, für den Orden erschloß. Die Damen bekommen natürlich zuerst das Kleinkreuz, können nie mit dem Großkreuz rechnen, wenn sie sich nicht standesgemäß verheiraten. »Schlechter Ruf, tadelhaftes Benehmen etc. schließen von jedem Anrecht an dem Orden aus, welcher eheliche Treue, zärtliche Liebe, edle Erziehung der Kinder, Milde und Wohltätigkeit gegen Arme und Leidende, Sanftmut gegen Diener und alle Untergebenen, Vermeidung von Hasardspielen zu Hauptbedingungen jedem weiblichen Mitgliede setzt.«

Eine Versammlung von tugendsamen und edelgemuten Damen muß das gewesen sein, denn der Zulauf war enorm. Der Orden hat sich lange gehalten, ohne daß man außergewöhnlich viele Relegationen verzeichnen mußte. Lag es an der milderen Praxis, die sich der Statuten nur in groben Fällen entsann?

In der Tat scheint sich ein immerwährendes Mißtrauen gegen den Joachimsorden durch die Zeiten erhalten zu haben. Man munkelte dunkle Geschichten, traute den freundlichen Statuten nicht, verwies auf mancherlei mißdeutige Affären, die das Licht der Joachimsritter immer trüber erscheinen ließen. Das Ordens-Kapitel hat schon 1767 den braven Jonathan gestrichen und sich einen viel geheimnisvolleren Namen zugelegt: *L'ordre de la Providence divine*. Der Großmeister protestierte in Form seines Austritts, aber man kennt ja die für die Öffentlichkeit bezeugten Revokationen und Akte der »offenbaren« Gegenteilsmeinung. Es muß etwas anderes hinter der Kulisse der frommen und tugendsamen Ritterschaft gesteckt haben. Woher nehmen die treuen Historiographen der Ordensgeschichte die Kabalen und Traktätchen, die gerade diesen Orden umgeben, wo doch die Zeit reich genug war an allerlei Geheimnistuerei?

Es gab seltsame Dinge: der Orden hatte Mitglieder aus beiden christlichen Konfessionen, suchte trotzdem um eine päpstliche Lizenz in Rom nach. Auch wurden ungeachtet der evangelischen Mitglieder die Gottesdienste an den Ordenstagen immer katholisch gehalten, alle geistlichen Ämter im Orden immer nur von Katholiken eingenommen. Der Orden suchte sich aus nicht mehr feldverwendungsfähigen Offizieren Mitglieder, um eine eigene adlige Militärakademie zu eröffnen. Er wollte einen Unterstützungsfond anlegen für Veteranen und Blessierte, er wollte Fabriken gründen, eine eigene Industrie aufbauen – was sind das für seltsame staatsverwandte Ambitionen? Dann der Eid! Ein gestrenger und unter entsetzlicher Strafe abgenommener Eid, dem Orden auf alle Fälle und unter allen Umständen die Treue zu halten, ihm allein zu dienen und was noch alles zur höheren Ehre des Ordens auf sich zu nehmen!

Dennoch verzweigte sich das Geflecht der Filialen dieser Gemeinschaft durch das ganze Reichsgebiet, überall saßen Joachimsritter und halfen einander – logenartig, geheimbündlerisch – da haben wir das Wort: Geheimbund zu sein, das ist es wohl, was man dem Orden unterstellte. Wozu brauchte so ein Orden einen solchen Apparat, wozu eigene

Quellen, wozu diese Eide, diesen Gehorsam, dieses religiöse Mäntelchen, diesen ganzen Aufwand an Eigenständigkeit, diese angemaßte Souveränität. War er ein Staat im Staate? Hatte er umstürzlerische Interessen, was wollte er denn? Endlich geht es so weit, daß der Großmeister Ferdinand Karl Graf von Leiningen alle in seinem Lande wohnenden Joachimsritter von ihren Untertanenpflichten losspricht und sie sich allein unterstellt! Das war offene Rebellion gegen das Reich. Die persönlichen Abgaben, Zoll und Gericht waren Reichssache. Kein Landesfürst durfte sie schmälern, ohne in die Reichsacht zu kommen. Die Joachimsritter durften es wohl. Aber doch auch wieder nicht, denn schon 1804 ergänzte das Kapitel die Statuten insofern, als es hinzufügte, die Aufrechterhaltung der bestehenden Staatsverfassungen und Gesetze sei ein Hauptzweck des Ordens. Auch der britischen Majestät hochgerühmter Lord Horatio Nelson war Ritter – oder sollte man sagen Mitglied? – des Joachimsordens. Am Uniformfrack des einarmigen Seehelden im Marinemuseum von Greenwich steckt der Ordensstern noch heute.

Genug! Es ist unwichtig, ob und wieweit der Joachimsorden eine Geheimloge war, sich umstürzlerischer Pläne bediente oder sonstwie subversiv sein wollte – es hat den Ruf dieser Aura gegeben, und die vielzitierten *Rosenkreuzler*, die Mitglieder der *Melchisedekloge* und anderer mystisch- »alchimistischer« Gruppen haben ihre Schatten auf den Ruf dieses Ordens geworfen. Was man ihnen an wühlerisch-eigenbrötlerischer Tätigkeit gerne nachweisen wollte, ließ sich hier einem »on dit« zufolge fortspinnen, und so ist mit dieser Gruppe von Vereinigungen und »Orden« der ganze Zeitgeist des aufklärerischen Säkulums demonstriert: einerseits ist man für alle Freuden und Schmerzen der Epoche aufgeschlossen, andererseits beängstigend furchterfüllt vor jedem armseligen Geheimnis. Die an der Grenze der Verachtung angesiedelte

Abweisung aller religiösen Aufmachung weist doch wohl auf die freigeistige Atmosphäre des Jahrhunderts hin, aus der die tiefgefüllte Unsicherheit allem Metaphysischen gegenüber erklärlich ist. Daher womöglich die Sucht, alles in eigener Regie zu haben, einen unabhänigen Verband aufeinander abgestimmter Seelen zu haben, die sich selbst genug sind und niemanden brauchen, den Papst nicht, die anderen nicht. Das setzt aber voraus, daß man sich mit den Mächten der Welt gut stellt, daher die diplomatischen Vertreter des Ordens in allen Staaten, daher der Beamtenapparat, der dem Orden überall zu Verfügung stand, daher vielleicht auch die Verschmelzung mit dem polnischen Königtum der sächsischen Regenten, denn seit 1780 hat der Joachimsorden unter dem König von Polen, der in Dresden residiert, fünf Residenzen: in Warschau, Hamburg, Rom, Petersburg und Tettnang im Allgäu. Der König August bringt auch sein Monogramm auf das Ordenskreuz: S. A. R. P. = Stanislaus Augustus Rex Poloniae.

Und das mitten im Jahrhundert Mozarts und der französischen Revolution, zur Zeit des jungen Goethe und des alten Klopstock, in der »Morgenröte einer neuen Zeit«, die sehr bald donnernd über Europa ziehen sollte.

Als der Joachimsorden noch in voller Blüte stand, war die *Académie française* schon von der Nationalversammlung geschlossen worden. Das war freilich nur ein vorübergehendes Mißgeschick, so schnell ließ sich auch in den Wirbeln der Revolution ein so reputierliches Institut nicht auslöschen. Dreiundzwanzig Jahre lang gab es keine französische Gelehrtenvertretung. Ihre bedeutendsten Mitglieder waren verhaftet oder gar ihres wertvollen Kopfes beraubt worden. Erst 1816 durfte sie wieder aufleben, aber sie hatte inzwischen drei Nebenbuhlerinnen erhalten. Das machte ihr offenbar nicht viel aus. Die anderen Körperschaften verblaßten bald vor dem Ruhme der ehrwürdigen Académie française.

Sie stammte aus der wilden Zeit des großen Krieges, als dreißig Jahre lang Europa verheert wurde und die verschiedensten Mächte auf dem Boden eines kaum noch genau erinnerlichen Religionsstreites ihre Fehden um ganz andere Anlässe austrugen. Frankreich als einer der Hauptinteressenten dieser furchtbaren Auseinandersetzungen blieb weitgehendst verschont vom heißen Krieg. Es konnte Kunst und Wissenschaft pflegen und sich die Gründung einer solchen Einrichtung erlauben. König Ludwig XIV. setzte seiner strahlenden Regierungszeit einen kulturellen Akzent, suchte eine auch auf dem literarischen Felde angemessene Repräsentation. Er ließ einen der mannigfachen geistigen Klubs und Zirkel durch seinen Minister Richelieu durch königliche Gnade höherstellen, so daß dieser fortan unter dem Protektorat Ludwigs zusehends gedieh und sich in kurzer Zeit zur einzigen anerkannten und ernstzunehmenden Akademie auswuchs. 1634 traf man sich zu einer konstituierenden Versammlung und ließ sich sechs Jahre später – inzwischen bei 40 Mitgliedern angelangt – zur Akademie erklären. Rasch wurde aus dem königlichen Schutz eine königliche Diktatur, Richelieu übernahm die Leitung des Instituts. Er formulierte die Ziele und Gesetze, von denen ihm offenbar die Zensur das wichtigste war. Das sollte außer den philologischen und poetischen Aufsichtsgremien, welche die Akademie zu stellen hatte, ihre kulturpolitisch bedeutsame Funktion sein: alle Schriften, die dem Regime gefährlich werden könnten, zu inhibieren. Corneilles Tragikomödie »Der Cid« ist auf Befehl Richelieus von der Akademie zensuriert worden.

Die zeitlos bedeutsamste Arbeit der Académie française war die Gründung der französischen Enzyklopädie, die laufend erweitert und vervollständigt wurde. Bis auf unsere Tage ist sie der philologische Kern- und Angelpunkt in allen Entscheidungen des Französischen geblieben. Ein Riesenwerk, vergleichbar mit Jacob Grimms Deutschem Wörterbuch, dem allerdings die Gewichtigkeit dieser staatlichen Instution immer gefehlt hat.

Nach den wilden Zeiten der Revolution begann das Leben der Akademie wieder 1816. Sie hat seitdem eine Fülle wichtiger geistiger Aufgaben gemeistert. Der Dichter Paul Valéry charakterisierte das Wesen der Akademie als undefinierbar. Er deutete ihr Geheimnis als den Zauber ihrer Bedeutung. Das stimmt. Sie ist einer der erhaltengebliebenen Gelehrtenorden des Barock. Wie vornehm und im Geistigen selbstständig diese Einrichtung ist, geht aus der Ablehnung des Aufnahmesgesuchs so mancher bedeutenden Persönlichkeit hervor. Descartes war nie Akademiemitglied, ebensowenig wie Pascal und Rousseau, Balzac und Baudelaire; die Akademie wollte diese Männer nicht. Heute noch versammeln sich die »Unsterblichen« im vorgeschriebenen grünen Frack mit Lorbeerblatt-Silberstickerei am Revers und dem Degen an der Seite, den Zweispitz auf dem Kopf und den weiten Umhang über den Schultern, zu den feierlichen Sitzungen. Der Degen darf übrigens von jedem nach eigenem Entwurf gestaltet sein. Die phantasievoll-abstruse Formung des Griffes am Degen von Jean Cocteau, der wie eine Figur aus seinen Filmen aussah, als er zum ersten Male in dieser Zeremonialkleidung auftrat, stammte von ihm selbst.

Die Akademie hat keine Anleihen mehr bei der Tradition gemacht. Sie verzichtete von vornherein auf die ordensmäßige Gliederung und konstituierte sich gleich als Fachorganisation. Die alten Gewänder lebten fort und sind heute für jeden noch so bescheidenen oder fortschrittlichen Vertreter des französischen Geisteslebens höchst erwünschte Kostüme seiner gesellschaftlichen Reputation.

Wer kauft Orden
oder Verliehen wird je nach dem, was geboten ist

Vom 17. Jahrhundert ab sprossen allerorten die goldenen Kreuze und silbernen Sterne, in verschwenderischer Fülle eilig und fleißig von fast allen großen und kleinen Fürsten wie eigens zur Bereicherung der Ordensgeschichte gestiftet.

Ein reisender Kavalier rechnete mit Gunstbezeugungen seiner Gastgeber. Wer als Gast eines Souveräns – und sei es nur in Toscana oder Lucca – an einen Hof gebeten war und dort einigermaßen gut gefiel, schied mit einer Dekoration am Revers des farbigen Fracks. Man verglich, wertete die eine mit der anderen Auszeichnung auf, grollte einem Herzog, der für den einen das Kommandeurkreuz, für den anderen nur das Ritterkreuz übriggehabt hatte, neidete dem Freund das Großkreuz des einen Ordens und gönnte dem Feind die niedere Klasse des anderen Ordens. Ein nicht zu übersehender Bestandteil des gesellschaftlichen Lebens waren die Orden: Wer bekam sie, von wem und in welcher Klasse? Es ist die gleiche Frage, wie sie in anderen Zeiten unter anderen eitlen Gesichtspunkten gestellt wird: wer erscheint bei wem zur Party? Wer wird in wessen Firma aufgenommen und als was? Wer habilitiert sich wo? Wer wird wohin beim nächsten Revirement geschickt? Wer wird von wem wozu ernannt? Daß man mit der menschlichen Eitelkeit Geschäfte machen kann, ist keine sonderliche neue Entdeckung. Es hat in der Ordensgeschichte immer eine Tendenz gegeben, nach der verliehen wurde »gemäß Angebot«. Am berüchtigtsten waren die portugiesischen Dekorationen, vielleicht weil es so viele davon gab, daß man sie im einzelnen auf ihre Echtheit nicht mehr so genau kontrollieren konnte, vielleicht auch, weil es sich im Laufe der vielen Kämpfe zwischen Christen und Mauren als tunlich ergeben hatte, das System der Dankbarkeit zu simplifizieren. Kurzum, wer bis zum 19. Jahrhundert schnell einen blitzenden Halsschmuck benötigte, wandte sich an einen alerten Zwischenhändler, der ihm dann einen garantiert echten und garantiert alten Orden verschaffte mit Urkunde und – versteht sich – gegen Verleihungsgebühr. Manchen Leuten war die zweifelhafte Ehre den hohen Preis wert, und sie blechten für das Gold. Daß dies auch in der Zeit der Atomkrisen möglich ist, zeigte eine ziemlich peinliche, aber trotz allem ulkige Meldung in einem bekannten Nachrichtenmagazin, wo unter der bezeichnenden Überschrift »Für Dumme« von einem Anwalt berichtet wurde, der ausgerechnet Stern heißt. Dieser hatte einen Prozeß zu führen, bei dem die runde Summe von 1025 Pfund Sterling einzuklagen war. Sie war der Kaufpreis für vier glitzernde Orden, die ein in Dekorationskreisen renommierter Wiener Händler nach der Methode der Portugiesen verhandelt hatte. Die Geschichte flog auf, der Mann ging vor Gericht, es wurde ein Skandal, aber – das ist das Typische und Zeitgenössische dabei, es ging dabei um den Preis, nicht um die Orden, schon gar nicht um die Ehre. Vermutlich werden viele Leute keinen Prozeß geführt haben und mit den gleichen Dekorationen – seien sie echt oder falsch – unbeschadet die europäischen Parkette zieren.

Das Zeitlose an der Sache ist die unveränderliche Methode, mit der die Zeichen des Verdienstes, die äußeren Ausweisungen der Ehre Handelswaren werden für alle die, denen es eilt, zu den Dekorierten zu gehören. Auch darin hat sich nichts geändert, nur daß heutzutage solche Delikte juristisch belanglos sind und höchstens unter der Spalte »Gesellschaft« in einem Nachrichten-Magazin publiziert werden. Das war freilich früher ein wenig anders. Einer der reisenden Kavaliere der amüsanten Epoche war Casanova. Auch er hatte unter allen Umständen einen Orden zu haben, und er bekam ihn: ausgerechnet vom Vatikan! Der Kirchenstaat als souveränes Territorium verleiht Orden und Verdienstauszeichnungen bis auf den heutigen Tag, und er zeigt dadurch seine weise Einsicht in die Gewohnheiten der Menschen und ihr Treiben, wenn er das Ordenswesen zwar nicht propagiert, aber lächelnd duldet. Überdies füllt diese Praxis die Kassen. Das war früher noch wichtiger als heutzutage.

Die Päpste brauchten Geld, viel Geld. Sie holten es, woher auch immer. Warum nicht durch Orden?

Bisweilen verband der Papst ganz praktische Aufgaben mit der Gründung seiner Orden. Der Heilige Stuhl hatte Besitzungen in Tulfa. Dort lagen Alaunwerke, die zu den Krongütern des Kirchenstaates gehörten, eine wichtige und finanziell bedeutungsvolle Angelegenheit, für Rom eine fundamentale Geldquelle. Das hatten natürlich auch andere Leute längst erkannt. Sie beteiligten sich am Fabrikationsvorgang auf ihre Weise. Betrügereien und Diebstahl aller Grade waren dort an der Tagesordnung. Ehe der Papst sein Alaun verkaufen konnte, war von der Produktion kaum noch etwas da, weil es die Herren Gesellschafter beim Zwischenhandel inzwischen vergaunert hatten. Was tut ein zur Nächstenliebe verpflichteter Stellvertreter Christi auf Erden?

Leo X. stiftete 1521 den *Orden vom heiligen Peter*. Von den 24 Ordensmitgliedern verlangte er zwar 1000 Gulden Aufnahmegeld, übertrug ihnen aber die Aufsicht über die Tulfaer Werke. Er hatte mit einem Schlage ein erkleckliches Hypothekenkapital (denn die Petersritter bekamen Zinsen für ihre Eintrittsgebühr) aufgenommen und mit den Geldgebern zugleich einen besonders interessierten Aufsichtsrat gewonnen, denn wer sieht nicht auf die Rechtschaffenheit von Werken, in denen sein Geld steckt? Damit die Sache etwas vornehmer aussah, bekam jeder noch den Adel dazu *Pfalzgraf vom Lateran* – das kostete nichts, und die Leute freuten sich, wenn sie für ihr Geld auch noch einen netten Titel bekamen, ihre Nachkommen dazu, denn für die älteren Söhne galt der Titel auch. Der Vatikan war sicher, daß sein Alaun nicht an die Türken verschoben wurde, die Aufsichtsräte, Pfalzgrafen und Petersritter konnten an Krönungstagen der Päpste feierlich in rotem Ordensgewand (an Todestagen entsprechend in Schwarz) in Rom mitmarschieren.

Der *Petersorden* war eine goldene Medaille, die an goldener Kette am Hals hing, vorn der heilige Peter, hinten das Papstwappen. Pius V. hat dem Aufwande ein Ziel gesetzt. Er beschränkte die Zeremonien und beließ den Petersrittern nur einige Ämter in der Verwaltung des Vatikans. Zu kaufen war die Mitgliedschaft immer noch. Nur gab's den Adel nicht mehr dafür.

Was Peter recht war, das war Paul billig. Auch dem anderen Apostelfürsten wurde ein päpstlicher Orden gewidmet, ebenfalls zur Abhilfe chronischen Geldmangels am vatikanischen Hofe. Zwanzig Jahre nach dem Petersorden stiftete Papst Paul III. 1540 den *Orden des heiligen Paulus,* weil er dringend und auf der Stelle 200 000 Scudi benötigte. Er wählte also 200 ritterliche Bekannte aus, die er zu Paulusrittern machte und denen er eine entsprechend hohe Aufnahmegebühr entlockte. Auch diese bedauernswerten Muß-Ritter bekamen klangvolle Titel und durften alle Tage im Lateran speisen. Wer weiß, ob sie darauf so großen Wert gelegt haben, denn sie müssen doch recht wohlhabende Leute gewesen sein, sonst hätten sie die teure Eintrittsgebühr nicht so auf einen Schlag erlegen können, sie werden daheim eine opulente Tafel gehalten haben, was sollte ihnen also der vatikanische Mittagstisch? Der Ehre wegen: das war zwar in der Reformationszeit eine nicht mehr so eindeutige Sache, aber immerhin, man »gehörte dazu«, war im Nu in die adligen Familien aufgenommen, konnte den Paulusorden tragen – ein nackter Arm mit einem blanken Schwert in der Faust – und sein Wappen, sofern man eines führte, mit der Lilie zieren. Genauso wie die Petersritter gingen die Paulaner in Rot oder Schwarz an Krönungs- und Trauerterminen der Päpste.

Der dritte päpstliche Orden aus dieser Zeit war so ähnlich ausgestattet. Wieder waren nur 20 Jahre vergangen, als 1560 Pius IV. den *Orden des heiligen Johannes vom Lateran* stiftete und es der Einfachheit halber den Geldgebern freistellte, ob sie nun päpstliche Pfalzgrafen werden wollten (gegen erhebliches Aufgeld) oder nicht. Wenn ja, hatte man allerlei kaiserliche Privilegien, die wiederum honoriert wurden. So blieb die Sache einträglich für alle. Der *Johannesorden* ist im Gegensatz zu den beiden anderen »Zivilorden«. Er hat einen ausdrücklichen Zweck: »die Belohnung bürgerlicher Tugenden«, zu denen zweifellos die Freigebigkeit gehört. Das Abzeichen des Lateranjohannesordens sieht sehr hübsch aus. An schwarzem Bande hängt ein achtspitziges rotes Kreuz mit goldenen Kugeln an den Spitzen und Goldlilien in den Kreuzwinkeln. Im Medaillon, das als ovales Mittelschild gebildet ist, sieht man den Johannes, auf der Rückseite das Papstwappen mit den gekreuzten Schlüsseln Petri.

Von derlei Stiftungen gab es noch einige im Kirchenstaat. Sie ähnelten sich sehr, ihr Zweck war stets der gleiche: von neuen Geldgebern neue Mittel herauszulocken und dafür Würden und Titel zu verleihen, die freilich meist sehr bald erloschen, nur in den Titulaturen irgendwelcher Adelspatente bis heute weiterwucherten, weshalb man in Italien nicht viel Aufhebens mehr davon macht, ob einer Pfalzgraf oder Fürst, Participans oder Commensalis war. Heute kommt so etwas in dieser Form nicht mehr vor.

Um die schöne alte Sprache vorzuführen und das Grundgesetz für die Papstorden dieser Zeit in der Mitte des 16. Jahrhunderts aufzuzeigen, sei die Beschreibung Ph. Bonnanis über die Gründung des Lilienordens mitgeteilt:

»Gleichwie die Ritter von St. Loretto von Papst Paul III. zu Beschützung der Anconitanischen Mark und die St. Georgsritter zur Beschützung der Romandiola sind geordnet worden, welcher ihnen zu dem Ende in angeregten Provinzen reiches Einkommen angewiesen und sie mit schönen Privilegien versehen hat, also hat ebenderselbe Papst, als er in vielen Nöten steckte, einen dritten Orden, welcher den Kirchenstaat oder das Patrimonium Sancti Petri in Tuscia von den Streifereien der Türken rein halten sollte, gestiftet im Jahre 1546. Er nahm 50 Ritter darin auf, die er »von der Lilie« nannte, weil dieses Land so lustig und angenehm, daß es billig einer Lilie zu vergleichen. Weil auch erwähnte Ritter dem Papste 25000 Scudi freiwillig gesteuert, hat er sie zu participantes und commensales ernannt, ihnen damit aus dem Einkommen des Landes eine jährliche Pension von 3000 Scudi angewiesen und sonst noch stattliche Freiheiten erteilt. Das Ordenszeichen war eine goldene Medaille, welche sie am Hals trugen, auf einer Seite mit dem Bildnis der hl. Jungfrau zur Eiche, auf der anderen mit einer blauen Lilie im goldenen Feld und der Umschrift »Pauli III. Pont. Max. Munus«. Den Rittern erlaubte er allenthalben im Kirchenstaat Waffen zu tragen, und wies ihnen den Vorrang vor allen übrigen Rittern an, erhob sie auch zu Edelleuten und schrieb vor, daß sie die Ehre haben sollten in Abwesenheit der Ambassadeurs den Himmel bei Prozessionen zu tragen, wenn der Papst selbst darunter gehen sollte. Im Jahre 1556 wurde die Zahl der Ritter auf 350 vermehrt.«

Die Sache mit dem Papstorden für Casanova war folgendermaßen – jedenfalls berichtet er sie so in seinen Memoiren:

»Ich saß gerade bei Mengs zu Tisch, als sich ein Kammer-herr des Heiligen Vaters melden ließ. Er trat ein und fragte Mengs, ob bei ihm Herr Casanova wohne, und als dieser mich vorstellte, übergab er mir im Namen seines heiligen Herrn das Kreuz des *Ordens vom Goldenen Sporn* nebst dem Diplom und einem Patent mit dem großen päpstlichen Siegel, das mich in meiner Eigenschaft als Doctor der Rechte zum apostolischen Protonotar extra urbem erklärte.« Ging es wirklich so einfach? Wenn man dem großen Liebhaber seine übrigen Geschichten abnimmt, warum sollte man nicht auch diese glauben. Es kann ja so gewesen sein. Immerhin bemerkt Casanova, er habe im Gegensatz zu dem Maler Mengs keine 25 Taler zu bezahlen brauchen – als Schreibgebühr für das Diplom! –, und zitiert dabei ein römisches Sprichwort jener Tage: sine effusione sanguinis non fit remissio. Das kann nun wieder stimmen. In der Tat hat man seinerzeit in der Hauptstadt der Welt nichts ohne zu bluten erreicht. Auch keinen Orden, erst recht nicht einen vatikanischen, erhalten.

Immerhin, Casanova geht andern Tags zum Papst, um sich zu bedanken, und erzählt dann, er habe, geschmeichelt von der Gunst des Heiligen Vaters, das Kreuz am hellroten Bande um den Hals gehängt. Wie mag er sich vorgekom-men sein, der abenteuerliche Verführer, Spieler und Welt-bummler als päpstlicher Pfalzgraf! Er gesteht auch, er habe Winckelmann gefragt, ob er sein Ordenskreuz nicht mit Brillanten und Rubinen funkelnder machen solle.

Der goldene Sporn war das Rangabzeichen der uralten *Ritter der golden Miliz,* die angeblich zur Suite des Kaisers Constantin gehört hatten und seitdem eine besonders vor-nehme und ausgezeichnete Gruppe am römischen Papst-hofe darstellten. Der kleine goldene Sporn ist am unteren Kreuzschaft des Ordensabzeichens angebracht, das im übrigen ein schlichtes Johanniterkreuz ist, mit goldenen Strahlen in den Winkeln.

Kgl. Serbischer St. Sava-Orden (o.) und türkischer Medjidie-Orden (u.),
jeweils in der Kommandeursklasse auf den Original-Etuis.

Verdienstorden der Republik Italien: Ritterkreuz mit Miniatur und emailliertem Knopflochabzeichen.

INSIGNES : Les insignes étaient les
suivants :
— l'aigle d'argent pour les che-
valiers ;
— l'aigle d'or avec rosett. pour les
trois classes suivantes ;
— le grand aigle portait aussi le
petit aigle d'or avec rosette et,
en plus, une écharpe rouge avec
un aigle d'or plus grand

plaque d'ar

ORGANISA
si l'organis
l'objet que
— la loi du
mai 1802),
— l'ordonnance   816,
qui l'a adapté   oyal,

— le décret-loi du 16 mars 1857
qui l'a réorganisé,
— le décret de 1962, qui a établi
le code actuel de la Légion
d'Honneur,

divers autres décrets ou arrê
modifié aussi les insignes
palement les centres et l
ne, suivant l'inventaire

DÉCRET	INSIGNES	OBSERVA
1ʳᵉ RESTAURATION : LOUIS XVIII, Roi de F Navarre. *Ordonnance royale du 21 juin 1814.*	L'avers : L'e nri IV vec, en exergue HENRI IV - ROI DE FR 17 DE NA- VARRE E n, exergue : PA- TRIE urs de l'avers et boule. à cou dent.	ORDRE RO Grands Cro surmontées en exer PATRIE Mais mo donna 1814 la plaqu avec, en exer effig HONNEUR ET PATRIE ».
1ᵉʳ EMPIRE (CENT-JOURS) : NAPOLÉON 1ᵉʳ, Empereur des Français. *Décret impérial du 13 mars 1815.*	La forme de établi telle qu'elle avant (qua mê type litaire).	IMPÉRIAL : A noter qu cette période, alors qu n 1ᵉʳ nommait 6.000 Légion (qui furent ensuite rayés de e par Louis XVIII, mais réin par Louis-Philippe), le roi uis XVIII signa des nominations pendant son séjour à GAND.
2ᵉ RESTAURATION : LOUIS XVIII, Roi de France et de Navarre. *Décret royal du 26 mars 1816.*	officiers portent la pla- e grand croix réduite à 72 sur le côté d cier. Les grands cordo de Grand C 104 qu	ORDRE ROYAL : Les commandan prennent le titre de « Comman deurs » et portent pour la premièr ois la décoration en sautoir (alor que sous l'Empire, ils portaient sim plement la croix d'officier).
MONARCHIE DE JUILLET : LOUIS-PHILIPPE, Roi des Franç *Ordonnance du 13 août 1830.* *Ordonnance du 25 août 1830.* (Soit 12 jours après la précédente).	de NRI devise s 3 lig bleu. La c et une cro la	ORDRE ROYAL : Sur les plaques, les fleurs de lys sont remplacées par des faisceaux de drapeaux et étendar en émail tricolore. Les plaque ont plus brodées.
2ᵉ RÉPUBLIQUE : 1ʳᵉ PÉRIODE Général CAVAIGNAC, chargé d Pouvoir Exécutif. *Arrêté du 12 septembre 1848.*	TRIE est ue. qui la fond d' b harm cro ix qu primée. couronne est APARTE te exergue, « BONAPARTE : Le drapeau et l'étendard t la devise « HONNEUR TE » et, en exergue bleu, « REPUBL plaques avec les faisc apeau-étendard mais l'e Bonaparte et, en exergue NAPARTE, PREMIER CON HONNEUR ET PATRIE ».	disent égalité d'un uillerie). s angles drapeaux (2 par 2). TIONAL : L'insigne d édent régime est toujours uti u 24 février au 12 septembr près de 7 mois). TA : Il existe un deuxième mo e dit « à grosse tête », qui s tingue : à l'avers par 1ᵉʳ (Consul hiffres au lieu d'être en lettres au revers, la devise « HONNEUR ET PATRIE » est séparée par l drapeau et l'étendard.

Frankreich. Oben (v.l.n.r.): Offiziers- und Ritterkreuz der Légion d'honneur
und Dekoration der »Palmes Académique«; unten (v.l.n.r.): Ritterkreuz des
Nationalen Verdienstordens; Croix de guerre; Medaille militaire.

Polen. Oben: Ritter- und Kommandeurskreuz des Kriegsverdienstordens »Virtuti militari«; unten: Ritterkreuz »Polonia restituta« (l.) und Kriegskreuz 1944 (r.).

Es scheint gerade mit dieser Dekoration besonders viel Schindluder getrieben worden zu sein. Das Haus Sforza übernahm den Vertrieb und bezog sagenhafte Gelder aus diesem Umsatz mit der Eitelkeit, bis 1841 Gregor XVI. die Statuten neu regelte, einen neuen Orden, den *Sylvesterorden* gründete, nur 150 Kommandeure und 300 Ritter zuließ und diese neue Stiftung mit strengen Regeln aufrechterhielt. 1905 wurde der Sylvesterorden wieder erneuert und seitdem für 100 hervorragende Persönlichkeiten des Auslandes bestimmt, unter denen auch der Altbundespräsident ist, der Sylvesterritter wurde, als er beim Vatikan Staatsbesuch machte.

Professor Heuss konnte den höchsten für ausländische Souveräne und Staatsoberhäupter bestimmten vatikanischen Orden nicht bekommen, weil er evangelisch war. Coty jedoch, katholischer französischer Präsident, konnte ihn haben, diesen *Christusorden* an der prächtigen goldenen Gliedkette.

Dieser Orden hat eine lange und aufregende Geschichte. Sie ist zu gewichtig, als daß man sie in einem heiteren Rahmen bringen dürfte. Es ist die Historie des Niedergangs eines alten abendländischen Ordens, der sich vor der Tücke der Menschen und den Anschlägen der Mächtigen endlich nach Portugal ins Exil rettet, vom Papst protegiert, der seinerseits einen Christusorden verleiht, diesen zu seinem höchsten macht und so die Bosheiten, die man dem alten Templerorden angetan hat, auf glorreichste Weise wiedergutmacht.

Der vatikanische Christusorden ist ein herrliches Stück: ein rotes Kreuz hängt an einer Goldkrone unter einer barocken Armatur aus Kanonen, Fahnen, Säbeln und Helmen an einem roten Band. Über diese würdige Auszeichnung mit der dramatischen Vorgeschichte ist aus der jüngeren Geschichte Originelles zu berichten: Reichskanzler Fürst Bismarck, der dem Vatikan während des Kirchenkampfes in Preußen wahrhaftig kein gutes Wort gegeben hatte und mit dem Papst und seinen Vertretern heftig aufeinandergeraten war, erhielt diesen höchsten Papstorden, noch dazu mit Brillanten! Er hatte auf seine Weise sich um den Kirchenstaat verdient gemacht, denn als er 1885 bei der kniffligen Karolinenfrage um die spanische Thronfolge den Papst als Schiedsrichter anerkannt hatte, war der Heilige Stuhl wieder zur europäischen Macht geworden, die bei internationalen Differenzen mitzureden hat. Das wog freilich sehr viel. Bismarck hat sich immerhin dem Spruch des Papstes, es war Leo XIII., gebeugt, der Alphons XIII. zum König in Spanien bestätigte. War das nicht Brillanten wert? Noch 1874 hatte ein Katholik den eisernen Kanzler umbringen wollen durch Attentat, zwei Jahre zuvor hatte Bismarck seine Jesuitenausweisungen begonnen. Nun aber war alles unter den blitzenden Steinen des Christusordens vergeben und begraben. Wie wohltätig kann ein Orden sein. Wenn er dazu den Namen des allerhöchsten Gnadenspenders trägt, verpflichtet er Verleiher und Dekorierte zum Versuch, Gleiches nacheifernd zu unternehmen.

Jenseits der direkt und indirekt käuflich zu erwerbenden Orden und der echten großen Auszeichnungen des Vatikans gibt es bis heute ein sehr beziehungsreiches und feinsinniges Symbol der päpstlichen Anerkennung, die *Goldene Rose*. Sie hat nicht die verwirrend subtile Kultiviertheit früher Décadence wie Hugo von Hofmannsthals silberne Rose, die einer jungen Braut überreicht wird, ehe sie in den heiligen Ehestand mit ihrem adligen Grobian zu treten hat, sondern sie ist ein wundervolles Inbild der Weltrose, die in Maria ihre Personifikation erfahren hat. Seit dem 11. Jahrhundert wurde sie von den Päpsten am Rosensonntag, dem vierten Passionssonntag, besonders verdienten Persönlichkeiten überreicht. Sie ist ein Goldschmiede-Meisterwerk: in einer goldenen Vase steckt, zierlich gearbeitet und ganz naturalistisch gebildet, ein Rosen-zweig mit einer geöffneten Blüte, von Blättern und Knospen umgeben.

Aus den feinen Goldblättern strömten Duftstoffe; früher waren Moschus und Weihrauch hineingegeben worden. Das ganze Prachtstück steht in einer mit scharlachrotem Moiré ausgeschlagenen Schatulle, die sich mit zwei Halbbogentüren öffnet. Während des Gottesdienstes ist sie auf dem Altar niedergelegt und kann nur vom Papst selbst oder von einem besonders beauftragten Nuntius überreicht werden. Früher trug sie der Heilige Vater bei der Prozession eigenhändig unter dem großen Traghimmel. Wer die Rose bekam, erhielt damit ein Symbol seiner Tugend, weshalb diese Auszeichnung auch »Tugendrose« hieß. Die Tugend-rose ging an viele regierende Frauen, die einer öffentlichen Auszeichnung durch den Vatikan für würdig gehalten wurden. Sie ist eine der wenigen Dekorationen, die nicht ordensgleich an der Brust getragen werden können, sondern, einmal überreicht, unsichtbar bleiben. Im Cluny-Museum zu Paris kann man ein Exemplar aus dem Mittelalter bewundern. Wer bei der Großherzogin von Luxemburg eingeladen wurde, kannte sich die Tugendrose zeigen lassen, sie hat sie durch einen außerordentlichen Gesandten aus Rom überreicht bekommen, nach einem feierlichen Pontifikalamt in Luxemburg.

Diese Rose überwindet auf einfache Weise den Jahrmarkt der Eitelkeiten, sie kann nicht auf Bällen und Empfängen spazierengeführt werden, sie erbringt keine Rente, keine Commende, keine Privilegien, sie ist ein reines Zeichen der Anerkennung, kostbar wie die Tat, die sie belohnt.

Endlich war man so weit, eigene Orden stiften zu können. Welch ein weites Feld für den Einfallsreichtum der Monarchen. Das entwickelte sich von den geistlichen Ritterorden zu den weltlichen Ritterorden, von diesen zu den selbständigen Ritterbünden und endlich zu den souveränen Orden, die sehr rasch Hoforden wurden wie das Hosenband, das Goldene Vlies, der Annunziatenorden; bald traten als neue Möglichkeiten die Freundschaftsorden und Damenorden, die Trinkorden und solche für die Wissenschaft hinzu; schließlich und endlich kann man – in Frankreich – auf die Möglichkeit, durch einen Orden Verdienste auf sparsame und zugleich ehrenvolle Weise zu belohnen.

Von jetzt ab heißen nicht mehr die Gemeinschaften »Orden«, sondern die Insignien. Der Orden ist nicht mehr die Gruppe der unter welchem Leitgedanken auch immer zusammengeschlossenen Menschen, sondern der Orden ist das farbige Metallstückchen an buntem Ripsband, das in einer schmucken Schachtel überreicht wird zur Belohnung für tapfere, artige, ruhmreiche oder nur gefällige Leistungen. Anfangs hatten auch diese Verdienstorden nur eine Klasse, wie die alten Ritterorden. Bald aber mußte der Wert des Verdienstes gestuft werden. Man kam auf die Klassen.

Die ersten Versuche einer Klassifizierung machte man in Frankreich, indem die Verleihung des *Heiligen-Geist-Ordens* vom Besitze des 100 Jahre älteren *Michaelsordens* abhängig gemacht wurde. Der Michaelsorden wurde also quasi die niedere Stufe des Ordens vom Heiligen Geist. Er war einfach abgewertet, es gab zu viele Michaelsritter im Königreich Frankreich. Ludwig XIV. dagegen machte mit der Stiftung seines Namensordens von vornherein kurzen Prozeß: er stufte ihn in Klassen. Der *Ludwigsorden* ist mithin der erste richtige Verdienstorden.

Seit 1693 wurde an eifrige Untertanen der Ludwigsorden verliehen, wenn man sie öffentlich auszeichnen und der königlichen Huld versichern wollte, sie aber nicht in den engeren Kreis eines ritterlichen Ordens aufzunehmen

116

gedachte, wo man sie ja bei den Versammlungen immer getroffen hätte.

Was in Frankreich begann, machte auch in Preußen Schule. Der alte Fritz, als er noch ein liebenswürdiger junger König war, griff die französische Idee auf und verwandelte bei seinem Regierungsantritt den alten brandenburgischen Hof-Orden *de la générosité* unter dem neuen Namen *Pour le mérite* in einen Verdienstorden, der für Zivil und Militär bestimmt war. Erst vor den Befreiungskriegen verwandelte ihn Friedrich Wilhelm III. weiter in einen Offiziersorden für militärische Tapferkeitstaten. Unter dem großen Friedrich hat den Pour le mérite noch Voltaire getragen, der gewiß nicht der Typ eines kgl. preußischen Offiziers war. Aber er stand in der allerhöchsten Gunst und hatte seine Verdienste um das junge Königreich, war also sicherlich ein würdiger Träger dieses berühmten Ordens.

Die Französische Revolution hatte sofort mit dem »ganzen royalistischen Unsinn der Ordensverleihungen« Schluß gemacht. Aber es dauerte gar nicht lange, und man kam ganz von selbst darauf, daß es doch etwas recht Heilsames ist, einen Orden vergeben zu können, und so gab es schon 1802 die Stiftung der *Ehrenlegion*, die sich bis heute erhalten hat und keinen Deut ihres Wertes verlor, trotz der grotesken Veränderungen, welche die politischen Miseren seit hundertfünfzig Jahren der *légion d'honneur* anzutun suchten.

Die Verleihungspraxis sah im 19. Jahrhundert so aus: Man bekam einen Zivil- oder Militärverdienstorden. Der zivile Zweig verkümmert im Laufe der Zeit ein wenig, denn es ist in den kriegerischen Zeiten leichter, sich militärisch hervorzutun als im schlichten Heimatdienst. Es gibt also mehr Kriegsorden als Zivilverdienstauszeichnungen. Dafür sind die origineller und künstlerisch oft sehr gut gestaltet. Manche Orden sind von vornherein für beide Möglichkeiten angelegt. Bekommt sie ein Offizier, so sind gekreuzte Schwerter zwischen den Kreuzarmen, gibt es später die gleichen Orden in einer höheren Klasse für ein Zivilverdienst, so rutschen die Schwerter auf den Ring hinauf. Bekommt der tüchtige Mann den gleichen Orden noch einmal und womöglich wieder für eine tapfere Tat, hat er zweimal Schwerter daran: oben am Ring und zwischen den Kreuzarmen. Übrigens wird die Kriegsauszeichnung bei Verleihung einer höheren Klasse weitergetragen, während sonst die niederere abgelegt werden muß.

Allerdings waren die hohen Kriegsorden ausschließlich für das Offizierskorps bestimmt. Soldaten bis zum Feldwebel konnten Kreuze und Medaillen erhalten, die ohne die Emaillefarbe hergestellt sind, also aus Silber oder Gold oder einfach Bronze.

Orden über Orden
oder Das 19. Jahrhundert

In tausend Histörchen spiegelt sich durch die letzten hundert Jahre der Spott der Leute, die das ganze Ordenswesen für ausgemachte Scharlatanerie hielten, die hinter den großen Gebärden und hohen Worten nichts als Phrase und Bluff sahen und denen die Zeichen der oberherrlichen Gunst lumpiger Bettel angemaßter Macht und ganz unangemessene Symbole falscher Regierungsautorität waren. Die demokratischen Geister der Julirevolution in Frankreich, das »Junge Deutschland«, die 48er Republikaner, alle die, denen der fürstliche Gottesgnadengedanke ein Dorn im Auge war, die für die Freiheit des Volkes kämpften und bereit waren, dafür Opfer zu bringen, und sie auch wahrhaftig gebracht haben, sie alle lehnen aus tiefinnerer Überzeugung jeden Orden und jeden Titel ab.

Die Weimarer Republik hat es dabei belassen, als sie alle kaiserlichen und königlichen, großherzoglichen und herzoglichen Orden, Ehrenzeichen, Medaillen und Titel mit einem Federstrich auslöschte. Es gab während der Weimarer Zeit außer der Lebensrettungsmedaille und einigen Feuerwehrehrenzeichen nur den Adlerschild des Reichspräsidenten und das Ehrenzeichen des Deutschen Roten Kreuzes, mit dem das deutsche Staatsoberhaupt bisweilen fremde Souveräne dekorierte, um der internationalen Gepflogenheit gegenseitiger Ordensverleihung Genüge tun zu können.

Vielen war wohl bei diesem Zustand, aber manche weisen Leute, denen bestimmt an sich nichts an äußeren Ehren und metallenen Abzeichen gelegen war, fanden sich dennoch besorgt ob solcher eindeutigen Absage an das Ordenswesen. Abgesehen vom Geheimnis der Tradition, die jedem noch so kleinen und scheinbar wertlosen Verdienstorden anhaftet, ist jedes kleine Zeichen der Bestätigung einer erwiesenen Leistung für den schlichten Staatsbürger wie für den aufgeklärten Geist ein Sinnzeichen der Beziehung zwischen ihm und seinem Staat, auf das gerade die glänzendsten Vertreter der Unabhängigkeit ebensowenig verzichten wollten wie der gern belohnte, »kleine Mann«, dem das Kreuz an der Brust das greifbare Ergebnis seiner Bemühung und seines Aufwands zur höheren Erfüllung seiner Pflicht ist.

Selbst Goethe, der sich nicht nur im »Faust« so über das Unwesen an Fürstenhöfen lustig gemacht und das Treiben an seinem Weimarer Hof meist mit lächelnder Überlegenheit quittiert hat, ließ sich stolz in die Liste der Träger des heimischen Großkreuzes aufnehmen und steht in der Matrikel des *Hausordens der Wachsamkeit oder vom weißen Falken* unter Numero 14 als v. Goethe, Staatsminister in Weimar.

Es war nicht der einzige Orden des Dichterfürsten. Er hatte so ziemlich alle ihm erreichbaren Dekorationen, unter anderem den kaiserlich-russischen *Sankt Annenorden.* Das war im zaristischen Ordensrang-Register der dritte nach dem schönen alten *Andreasorden,* dem *Alexander-Newski-Orden* und dem – ursprünglich polnischen – *Orden vom weißen Adler.* Mit der ersten Klasse des Annenordens war der militärische Rang eines kaiserlich-russischen Zivilgenerals verbunden, und man kann sich gar nicht ausführlich genug vorstellen, wie der berühmte deutsche Dichter Goethe nach Bad Karlsbad im Reisewagen in dieser Uniformierung gefahren ist. Goethe als zaristischer General mit dunkelgrünem Mantel und roten Kragenspiegeln, die kokardengeschmückte Mütze auf der Dichterstirn ... ein hübsches Bild für alle, die glauben, Orden und

Titel, Ränge und Ehrenbezeigungen seien überholter Plunder der Vergangenheit.

Derselbe Goethe hatte nichts dagegen, daß ihm Napoleon nach der berühmten Begegnung in Erfurt das Abzeichen der von ihm gestifteten »légion d'honneur« an den Frackaufschlag heftete. Napoleon hatte noch sehr kurze Zeit zuvor als erster Konsul der Revolution gegen die royalistischen Erzfeinde gekämpft und alle königlichen Embleme und Symbole wütend in den Staub getreten! Was nicht hinderte, daß er bald darauf der Anreger zu der Stiftung der *Ehrenlegion* wurde und gar nicht so lange danach selbst nach blauem Blute trachtete und sich mit einer Krone schmückte. Wer hätte Goethe gefragt, was er nun mehr sei: der Inhaber des großherzoglich-sachsen-weimarschen *Falkenordens* oder der Träger des Ordens der *Ehrenlegion* der Französischen Republik oder etwa ein zaristischer *Annenordens*ritter?

Und wer will fragen, wer dieser Napoleon wirklich gewesen ist, der Zerstörer der heiligen königlichen Monarchie Frankreichs oder der Stifter der Ehrenlegion oder der Gründer des *Ordens von der Eisernen Krone* der Langobarden, der dann von Österreich, sinnreich umgedeutet, übernommen wurde?

Man hat die Rede gerettet, die Napoleon als Erster Konsul 1802 vor dem Staatsrat gehalten hat, als es darum ging, einen Orden für die Republik zu stiften. Sie lautet im Auszug:

»Ich fordere Sie auf, mir eine alte oder neue Republik zu zeigen, in welcher es keine Auszeichnung gegeben hätte. Man nennt dies ein Spielzeug. Nun ja, mit Spielzeug leitet man die Menschen. Ich würde dies nicht auf der Rednertribüne sagen, aber in einem Rate von Weisen und Staatsmännern muß man alles sagen. Ich glaube nicht, daß das französische Volk die Freiheit und Gleichheit liebt; zehn Revolutionsjahre haben die Franzosen nicht verändert – sie haben nur ein Gefühl: die Ehre! Diesem Gefühle muß man also Nahrung geben. Sie bedürfen der Auszeichnungen. Seht nur, wie sich das Volk vor den Bändern der Fremden bückt, sie waren davon beeindruckt und versäumen nicht, sie zu tragen. Man hat alles zerstört, jetzt gilt es, neu zu schaffen. Eine Regierung, die Macht hat, ist da; aber was ist der Rest? Sandkörner. Wir haben in unserer Mitte die alten Privilegierten, die ihre Grundsätze und Interessen haben und sehr wohl wissen, was sie wollen. Unsere Feinde kann ich zählen. Wir aber, wir sind zerstreut, ohne System, ohne Vereinigung, ohne Kontakte. Solange ich da bin, stehe ich zwar für die Republik, aber man muß an die Zukunft denken. Glauben Sie, die Republik stehe sicher auf ihren Füßen? Sie würden sich sehr täuschen.«

Napoleons Argumente klingen erstaunlich zeitnahe, man hat so etwas schon einmal im 20. Jahrhundert gehört. Die Ehrenlegion sollte also ein ideeller Schutz für die neue Republik werden, sie sollte die wahren Republikaner vor den versteckten und verstockten Royalisten auszeichnen, sie war eine politische Institution. Das ist ein ganz neuer Zug in der Ordensgeschichte. »Wer meine Orden trägt, ist ein zuverlässiger Parteigänger meiner politischen Richtung!«

Und was geschah, als die Richtung sich änderte? Nun, die Franzosen hingen an ihrer Politik, auch wenn sie gelegentlich falsch war. Ihre Orden waren ihnen viel zuviel wert, als daß sie sie fallengelassen hätten. Also wechselte der Orden die Richtung mit. Aus dem Dekor der Revolution war ja bereits ein kronengeschmückter kaiserlicher Orden geworden, er wurde eben nach Napoleon immer wieder etwas anderes: demokratisch, bürgerköniglich und wieder republikanisch und so weiter mit dem Wechsel der Staatsgebilde – bis auf unsere Tage ein beliebter und gern gesehener Orden in der ganzen Welt. Tänzerinnen tragen ihn und Widerstandskämpfer, Dirigenten, Maler und Generale,

Filmstars und Komiker, Helden und Heilige, Clowns und Veteranen und Gelehrte – die *légion d'honneur* bleibt durch alle politischen Systeme ein Symbol Frankreichs, was kein königlicher Orden in diesem Lande erreicht hat.

Die lieben Verwandten des großen Korsen hatten auf ihren Thronen in ganz Europa nicht soviel Glück bei ihren Ordensstiftungen. Als etwa »Bruder Lustick« im neugegründeten Königreich Westphalen den *Orden der westphälischen Krone* herausgegeben hatte und an seinen kaiserlichen Bruder nach Paris das erste Großkreuz schickte, betrachtete Napoleon das seltsame Gebilde aus Jerômes Phantasie und warf es weg mit den Worten: »Trop de bêtes!« Damit hatte er recht, denn der münstersche Entwerfer hatte, weil es ja ein ganz und gar zusammengestükkeltes Landgebilde war, was sich da konstituiert hatte als Königreich, alle Wappentiere der darin zusammengebrachten Länder in die Kreuzwinkel gestellt: den hessischen Löwen, das braunschweigische Pferd, den kaiserlich französischen Adler. In der Tat ein rechter Zirkus. So geht es immer, wenn etwas »gemacht« werden soll, wenn für ein Land, das in dieser Form gar nicht gewachsen ist, ein Symbol erstellt werden soll, das es für die einzelnen Teile dieses rein politischen Gebildes nicht geben kann. Der westphälische Kronenorden hat auch nicht lange bestanden, er ist mit der französischen Besatzung in Münster und Kassel versunken. Ein warnendes Exempel für alle ähnlichen Versuche. Der napoleonische Adler, aus dessen Donnerkeil die Worte über dem Ordenskreuz hervorzuckten »Ich vereinige sie!«, konnte dieses grimmige Versprechen nicht halten.

Ein Gutes hatte der westphälische Kronenorden aber doch: man bezog eine gehörige Rente aus seiner Ritterschaft. Zwischen 6 000 und 12 000 Francs lagen die Einkünfte, welche die Inhaber der verschiedenen Stufen aus dem

Ritter des eisernen Kreuzes.

A. Am schwarzen Bande mit weiſser Einfassung.

Groſskreuze.

1. Fürst *Blücher*, 1813.
2. Gr. *Kleist* v. Nollendorf.
3. — *York* v. Wartenbnrg.
4. — *Tauenzien* v. Wittenberg.
5. Der Kronprinz Carl Joh. v. *Schweden.*
6. Graf *Tolstoi*, russ. General-Lieut.

Erste Klasse.

1. v. *Hellwig*, O. L. 1813.
2. v. *Katte*, Hus. Rittmeister.
3. v. *Hiller*, O.
4. v. *Corswandt*, G. M.
5. v. *Röder*, O. L.
6. v. *Müffling*, G. M.
7. *Lehmann*, M. v. d. Art.
8. v. *Zieten*, G. d. K.
9. v. *Grollmann*, G. M.
10. v. *Oppen*, in Siede in der Neumark, G. L. a. D.
11. v. *Petry*, H.
12. v. *Zastrow*, O.
13. v. *Reckow*, O.
14. v. *Jürgas*, G. L. a. D.
15. v. *Sellin*, Hus. L.
16. Gr. *Gneisenau*, G. L.
17. v. *Müffling*, G. M.
18. Herzog Carl v. *Meklenburg-Strelitz*, G. L. (2. Sohn des Groſsherzogs.)
19. v. *Schütz*, M.
20. v. *Funk*, O.
21. v. *Tippelskirch*, G. M.
22. v. *Pirch*, G. L.
23. v. *Thiele*, O.
24. v. *Borstell*, G. L. Gouv. in Preuſsen.
25. v. *Holzendorff*, G. M.
26. *Willmann*, Kap. v. d. Art.
27. v. *Podbiesky*, Rittm.
28. v. *Thümen*, G. L.
29. v. *Meyer*, M.
30. v. *Gagern*, O. L.
31. Bar. v. *Röll*, Kap.
32. v. *Beyer*, M.
33. v. *Romberg*, M.
34. v. *Wellenthin*, Kap.
35. v. *Thümen*, M.
36. v. *Wobesen*, G. L.
37. v. *Dobschütz*, G. M.
38. v. *Diezelsky*, O.

Ritter des Maria-Theresien-Ordens.

Grofsmeister.

Der Kaiser.

Grofskreuze.

1. Der Erzherzog Karl v. *Oester-reich*, 1793.
2. Der Herzog Ferdinand von *Würtemberg*, (Bruder des Königs), 1794.
3. Freihr. v. *Beaulieu*, F. Z. M.
4. Der Grofsfürst Konstantin v. *Rufsland*, 1799.
5. Joh. Nepom. Jos. reg. Fürst von *Liechtenstein*, 1801.

6. Der Erzherzog Johann von *Oesterreich*, 1809.
7. Joh. Karl, Kronprinz von *Schweden*, 1813.
8. Fürst Karl von *Schwarzen-berg*, G. F. M.
9. Fürst *Blücher*.
10. Herzog von *Wellington*.
11. Der Herzog v. *York*, Prinz von Grofsbrittanien, 1814.

Kommandeurs.

1. Baron v. *Spleny*, F. M. L. 1790.
2. Baron Froon v. *Kirchrath*, F. Z. M. 1793.
3. Baron *Unterberger*, F. Z. M. 1795.
4. Karl Eug. Herzog v. *Loth-ringen*, G. 1796.
5. Graf von *Kollowrat-Kra-kovsky*, F. M. 1797.
6. Marquis v. *Chasteler*, F. Z. M. 1799.
7. Gr. *Giulay*, desgl. 1800.
8. Vinzenz Graf *Kollowrat-Liebsteinsky*, desgl. 1801.
9. Baron de *Vaux-Thiery*, dgl.

10. Fürst Franz *Orsini v. Ro-senberg*, G. d. K.
11. Gr. *Bellegarde*, F. M. 1805.
12. Gr. *O'Reilly*, G. d. K. 1806.
13. Frhr. v. *Vincent*, F. M. L.
14. — v. *Mecsery*, desgl. 1808.
15. Fürst Friedr. Franz Xaver v. *Hohenzollern - Hechingen*, G. d. K. (Onkel des reg. Für-sten), 1809.
16. Alois Fürst v. *Liechtenstein*, F. M. L.
17. Frhr. v. *Hiller*, F. Z. M.
18. Gr. v. *Radetzky*, F. M. L.
19. Frhr. v. *Frimont*, G. d. K.

Kronenorden bezogen. Es lohnte sich also, Kronenritter zu sein.

Es lohnte sich überhaupt bei so manchem Orden, zu seinen Rittern zu gehören. Bei verschiedenen Militärorden des 18. und 19. Jahrhunderts waren hübsche Summen für die Ritter, Komture und Großkreuze ausgesetzt. Sie wurden aber zusehends geringer und waren zuletzt nur noch klein. Man zahlt bis heute den Trägern mancher hoher Weltkriegs-Tapferkeitsorden kleine Renten, die aber kaum noch mehr sind als eine Reverenz an die vergangene Zeit. Militärische Ehrenbezeigungen kosteten freilich nichts, also war man da freigebiger. In der Erweiterungsurkunde für die »kgl. preußischen Orden und Ehrenzeichen« von 1810 heißt es:

»Unsre sämtlichen Orden und Ehrenzeichen geben ihren Besitzern das Recht, außer den Amtsverhältnissen als die ersten ihres Ranges und Standes geehrt zu werden. Das Kriegsverdienst zu ehren, ist Beruf des Militärs; die Schildwachen sollen also vor den militärischen Verdienstmedaillen Front, Gewehr in Arm, vor dem Orden Pour le mérite aber Front mit geschultertem Gewehr machen.« Später wurde vor den Inhabern des *Pour le mérite* präsentiert.

Der badische *Militär-Karl-Friedrichs-Orden* gab in kaiserlicher Zeit eine Gehaltszulage von 200 Gulden im Jahr, das sind rund 350 DM, und der *Bayerische Kronenorden* hatte eine Hinterbliebenenstiftung für die Kinder der Kronenritter. Ähnlich war es beim kgl. sächsischen *St. Heinrichsorden,* dessen Ritter mit einer einmaligen Zahlung an die Hinterbliebenen rechnen konnten.

Mit der Nobilitierung war es nicht anders. Manche Orden schlossen sie ein, bei den einen war es leichter, bei den anderen nicht so einfach, zum Ordensadel zu gelangen. Der preußische *Schwarze-Adler-Orden* machte den kleinen Breslauer Maler Menzel im Nu zu Adolph von Menzel, und Fontane war darüber sehr ergrimmt, weil er nur mit dem *Roten Adlerorden* dritter Klasse abgespeist wurde. Menzel war durch seine historischen Kolossalgemälde bei Hofe offenbar in höherer Gunst als der strenge, aber glühend preußische Dichter.

Den Personaladel konnte man im Kaiserreiche mit dem bayrischen *Militär-Max-Josefs-Orden* haben sowie mit dem württembergischen und bayrischen Kronenorden.

Die Systematisierung der Verleihungen hatte eigentlich im zaristischen Rußland die schönsten Blüten getrieben. Hier war man durch Jahrhunderte ohne Orden ausgekommen, bis Peter auf seinen Reisen in den Westen die Möglichkeiten erkannte, die ihm und allen Regenten mit den Ordensverleihungen in die Hand gegeben waren. Er stiftete also, gründlich wie er war, gleich eine ganze Reihe von hübschen Orden und legte eine genaue Rangfolge fest, wie sie zu vergeben seien. Jeder Orden setzte den vorangegangenen voraus. Im Kreml herrschte Ordnung, wenigstens was die Orden anging.

Der Zar war Großmeister aller russischen Orden und verlieh sie nach Vorschlag des jeweiligen Kapitels, das immer aus dem Kanzler, dem Zeremonienmeister und dem Schatzmeister besteht. Ihnen sind 200000 Rubel als Grundkapital anvertraut, damit müssen sie für die Erziehung verarmter Töchter von Ordensrittern sorgen; aus einem bestimmten Beitrag jedes Ritters wird außerdem ein Fonds für Veteranen und Invaliden gebildet, die daraus eine Rente beziehen. Der Zar hatte durch seine großen Orden also einen Teil der sozialen Selbstversorgung geregelt.

In Stuttgart erschien 1868 ein vielbändiges Werk unter dem Titel »Demokritos oder hinterlassene Papiere eines lachenden Philosophen«. Es behandelt die verschiedensten merkwürdigen und bemerkenswerten Erscheinungen unseres Daseins auf eine innewohnende satirisch-humoristische Weise. Was da über das Ordenswesen gesagt wird, soll hier nicht übergangen werden, es ist zu schön und zu zeitlos, als daß es in einer kleinen Chronik der Kuriositäten fehlen dürfte.

Demokrit stiftet einen Pinselorden, und dieses seltene Stück ist nicht ein Orden in Form eines Pinsels, also keine Dekoration für Maler und Anstreicher, sondern ein Orden für Pinsel, also für besonders penetrante, blöde und eingebildete Zeitgenossen. Diese haben nicht nur im Jahre 1868 unser engeres und weiteres Lebensfeld bevölkert, sie spazieren noch heute unter uns und wir selbst oft genug unter ihnen. Ein Orden für die Pinsel dieser Welt ist mithin eine säkulare, fast möchte man sagen, eine »globale« Gründung, die unbedingt erwähnt werden muß.

Hier ein Ausschnitt aus dem Kapitel vom Pinselorden in dem nun fast hundert Jahre alten Buche.

»Der Pinselorden
Unsere Leidenschaften und Liebhabereien, sobald sie die Grenzen überschreiten, machen uns zu Mitgliedern des Ordens, welcher der zahlreichste aller Orden ist, verbreitet in allen Ständen, der aber am wenigsten Glanz verbreitet, des Ordens des Pinsels. Die Natur teilt diesen Orden aus, aber im umgekehrten Verhältnisse, ohne Ansehen der Person. Das Kleinkreuz, das die meisten tragen, folglich auch ich, hat höhern Werth als das Commandeurkreuz und dieses wieder höhern als das Großkreuz, die Ehre des Großmeisterthums aber wird sich jedes Kleinkreuz verbitten. Es gehört zu den Vortheilen des Ordens, daß man das Kreuz trägt, ohne es zu wissen, und das macht so glücklich wie mehrere Dinge, die wir nicht wissen.

In allen Ständen finden sich Pinsel und alle, die in anderen Ständen keinen Platz haben, finden ihn im Pinselorden, wie die Heiligen, die nicht besonders verehrt werden, am Fest aller Heiligen.

Der Orden ist uralt, Urvater Adam hat ihn schon getragen und sich durch den Satan und sein Weib darinnen aufneh-

men lassen, und die ältesten Urkunden des Menschenge-
schlechts liefern Beweise, daß die Mitglieder des Ordens
schon im höchsten Alterthume höchst zahlreich waren.
Die Hochwürdigen waren stets die Obern des Ordens,
selbst bei den Griechen und Römern, wo jedoch der Pinselorden lange nicht so gedieh wie im lieben Mittelalter,
wo selbst die höchsten Oberhäupter der Nationen dem
Orden eifrigst ergeben waren, und da der Adelsstand über
den der Priester die Oberhand bekam, so ging natürlich
das Großmeisterthum auf diesen über bis auf unsere Zeiten, wo der Stand der Gemeinen ihm solches streitig
machen will. Der Orden ist ungemein beliebt und ausgebreitet, und gerade oft die wichtigsten Stellen mit den
Abkömmlingen derer von Schafskopf besetzt. Es gibt
geborene Mitglieder des Ordens, und diese sind stets die
besten und so gutmüthig, solange man sie nicht in ihrem
Glauben stört, daß sie Herren im Hause sind. Sie lieben
die Ruhe, Gemächlichkeit und das Geld, das übrige überlassen sie gern anderen. Man könnte sie Herren von
Heimchen nennen, sie hocken stets daheim, die ganze
Welt beurteilen sie nach ihrem Daheim und essen und
trinken nur dann behaglich, wenn sie am gewohnten Platz
zu Tische sitzen, wo sie seit fünfzig Jahren saßen. Schlim-
mer sind die affilierten Mitglieder des Ordens, die erst
durch Gewalt, Glück und Schmeichler, durch Ehrenstellen, Titel und Orden, Geld, Gut und Schürze dazu
gemacht worden sind. Sie sind es, welche die Nichtmitglieder des Ordens verfolgen und hassen, oder wenigstens
beneiden nicht als Kinder des Lichts, sondern als Kinder
der Finsternis und Verächter des Wortes.
Erzogene Pinsel in abgelegenen Krähwinkeln sind den
geborenen fast gleich zu achten. Sie wetteifern miteinander, wer das Capitolium am besten bewachen soll. Sie sind
es, welche die Nichtmitglieder des Ordens oft aus einem
dunklen Gefühl mit ihrem Pinsel beklecksen, um ihm

wenigstens einige Ähnlichkeit mit einem Mitgliede anzuheften.

Es gibt Pinsel feiner Art, die sich über bloße Sinnengenüsse zu erheben und der Wissenschaft und Kunst zu huldigen wissen, und diese sind dann wieder dem eigentlichen Künstler und Wissenschaftler wahre Mäzenaten. Die wahre Gelehrsamkeit des Ordens ruht auf Journalen, Almanachen, Romanen und Komödien, Flugschriften und sogenannten Nouveautés, in unserm politischen Zeitalter natürlich meist politischen Inhalts. Die Pinsel schätzen nichts höher als die Sprache des Auslands, und Frankreich ist dem Orden viel schuldig. Pinselgelehrsamkeit wäre das passendste Wort für Polyhistorie, aber das Wort mag bleiben, wie Enzyklopädien immer die besten Bibliotheken des Ordens, daher auch das Konversationslexikon so viel Glück machte.

Die höhern Mitglieder des Ordens zeichnen sich auch durch eine gewisse kalte Würde und Vorsicht aus, die sie wenistens zum Repräsentieren geschickt macht. Die Kunst zu imponieren hat in der Welt ihren Werth, so gut wie die Kunst, etwas Schönes bei jeder Veranlassung dem andern zu sagen, und die Witz- und Spottgeister, die selbst im Pinselorden nicht fehlen, wissen den geraden Verstand, der die Welt nur wenig kennt, so ins Bockshorn zu jagen, daß sie der Nachtwächter um ihr Bockshorn beneiden dürfte.

In der Stunde der Leidenschaft sind wir alle vom Orden der Pinsel...«

Großkreuz mit Stern des k. k. Franz-Josephs-Ordens (Kaiserreich Österreich); rechts oben: Ehrenzeichen für Kunst und Wissenschaft »Literis et artibus« 1. Klasse (Republik Österreich).

Die Orden und die Gegenwart

Und heutzutage?

Was soll diese Frage? Hat sich denn irgend etwas verändert? Bitte, das sei gar nicht etwa resigniert gemeint oder philosophisch oder pessimistisch, sondern ganz unumwunden gefragt. Der erste Mensch im Weltenraum – oder genauer, der erste, der wieder herunterkam – bekam einen Orden dafür. Gewiß, nicht nur einen Orden, aber auch einen Orden, er ist bestimmt genauso stolz darauf wie auf den schönen großen Bahnhof von sonstigen Ehrungen, die man ihm bereitet hat.

Warum eigentlich nicht? Weshalb soll der Staat – in diesem Falle die Sowjetunion – einen hochverdienten Mitbürger nicht dekorieren? Wenn ein Verdienstorden überhaupt einen Sinn hat, so doch den. Aber da haben wir schon das wichtigste Wort, das woran man sich heutzutage so gerne stößt: »Wenn ein Verdienstorden überhaupt einen Sinn hat...« Das ist es, darum soll es nach Meinung vieler sachlicher Menschen gehen: weg mit dem Plunder der äußeren Ehren, fort mit den Eitelkeiten und Dummheiten der goldenen und silberen Sterne, Kreuze und bunten Bänder. »Mensch, werde wesentlich!«

Hübsche Thesen, noble Forderungen, leider total unwirksam. Pardon, verehrte Kritiker des Ordenswesens, das kommt mir alles so vor, als fordere eine Gruppe sehr wesentlicher und sehr nobler Leute, man solle das Streben lassen und das Eifern nach Beförderung, den Hang nach Oben und die Sucht, sich hervorzutun. Mißbrauch – das ist doch hier nicht etwa besonders zu begründen – schließt die urmenschlichen Anlässe ja nicht aus. Sind es nicht normale Schwächen der Menschheit, sich hervortun zu wollen, nach Höherem zu streben, um etwas zu sehen für die Mühe? Wenn es nur ein Orden zu sein braucht, wie schön! Was gäben manche Institutionen dafür, Verdienste recht zweifelhafter Art um sie oder ihre Bestrebungen mit einem Orden und nur mit ihm vergelten zu können.

Wesentlich ist auch, sich revanchieren zu können, sich nichts schenken lassen zu brauchen, sei es als Staat, als Herrscher, als Institution. Man honoriert das Verdienst, aber man macht sich von dem Verdienten nicht abhängig. Er bekommt seinen Anteil am Erfolg, er wird dekoriert, er mag seinen Goldstern tragen als Ausweis seiner Verdientheit, als Erweis seines Herausgehobenseins aus der Menge der nicht oder weniger Verdienten, aber damit ist der Fall auch abgetan, es werden andere folgen, an die in gleicher Weise Dank abgestattet wird.

Was ist an alledem so abscheulich, so unmoralisch, so gegen menschliche Ordnung und so völlig den Schwächen unterworfen, die vermieden sein sollten? Ich kenne Schwächen, die viel eher vermeidbar sind und denen niemand zuleibe rückt.

Das Ordenswesen ist eine hübsche Sache, auch heutzutage und gerade heutzutage, denn es hat ja nirgends in der Welt noch die überragende Bedeutung im gesellschaftlichen Leben wie ehedem. Wer heute mit einem Orden dekoriert wird, kann ablehnen, denn er wird zuvor gefragt. Wer heute einen Orden kriegt, braucht ihn nicht zu tragen. Es ist sogar hier und da für Snobs geboten, Orden zu haben und sie nicht zu zeigen, so wie manche Doktoren nach der Promotion niemals wieder ihren Titel führen.

Bei manchen geht die Abneigung und der beinahe schon an Ekel grenzende Horror vor Orden noch viel weiter. Sie verneinen den Staat als Stiftung und wollen keine Auszeichnung von einer Einrichtung, die ihnen gegen den

Strich geht. Gut, das ist eine Ansicht, die für diese Zeitgenossen gilt. Sie sollen dann bitte nicht anderen die Freude an ihren Kreuzchen nehmen und ihnen den Spaß am roten Band im Knopfloch lassen. Erschien doch Charlie Chaplin mit selbstverständlicher Gebärde bei »besseren Gelegenheiten« immer mit der kleinen roten Ehrenlegionsrosette im Revers, und der große Geiger Yehudi Menuhin und Leonard Bernstein tragen bei jedem Konzert am Frack das gleiche rote Band, und Annette Kolb ging zu großen Parties ebenfalls mit der roten Schleife der Ehrenlegion am Kleide. Sind der geniale Clown und der menschenfreundliche Geiger und die große Dichterin etwa selbstgefällige Menschen? Viel eher scheint es, daß sie mit dem Herzeigen dieser kleinen Bestätigung ihrer eigenen Verdientheit den Dank dafür abstatten wollen, daß die Menschen ihnen durch einen Orden Respekt vor ihrem Werk, ihrer Leistung, ihren Gaben erwiesen haben. Verleihung und Annahme dieser symbolischen Rosette sind also ein Akt der gegenseitigen Rückerstattung, eine tiefinnere, sehr bescheidene und chevalereske Geste des »Bitte, nach Ihnen!« Daß die Genannten aus der großen Zahl der ihnen verliehenen Orden gerade die Ehrenlegion Frankreichs gewählt haben, den einzigen großen Orden der Revolution, des Landes der Republik, der Menschenfreiheit und Humanität, das hat nebenbei noch einen sehr feinen politischen Akzent.

Freilich sind die deutschen Zeitgenossen besonders gebrannte Kinder. Die »tausend« Jahre weltgeschichtlichen Ausnahmezustandes mit abschließender Regeneration ins Demokratische haben nicht nur dem Ordenswesen gegenüber tiefe Abneigungen hinterlassen.

Man hatte – und das unterschied ja auch in dieser Beziehung das System von allen anderen politischen Einrichtungen, die nur etwas Neues auf ihre Weise durchsetzen wollten – geschickt die traditionellen Orden benutzt, um sie umzuwerten und anders zu firmieren, den eigenen Zwecken anzupassen. Dies tat man nicht in einfältig-unschuldiger Adaption, mit der die verschiedenen politischen Systeme Frankreichs des 19. Jahrhunderts den Orden der *légion d'honneur* mit ihren Emblemen ausstatteten und zu ihrem Orden machten, wobei sie alle vorangegangenen Ritter der Ehrenlegion auf die eigenen Listen setzten und sich einen Stamm von positiven Untertanen schafften – sondern man »deutete um«.

Das widerwärtigste Beispiel ist das *Eiserne Kreuz* Preußens. Es ist eine königliche, eine preußische Auszeichnung. Er wurde durch seine außergewöhnliche Form und durch die Umstände der nationalen Situation während der Freiheitskriege zum Symbol der nationalen Einheit Deutschlands, so daß viele in ihm den Orden für das gesamte Deutschland zu erkennen meinten, den Orden, der für alle das Sinnbild der Einheit des alten Deutschen Reiches darstellen mochte. So wurde er von vielen getragen, von anderen so interpretiert und von den meisten als seltener Orden geehrt. Aber so war er nicht gestiftet, und in dieser Form wurde er auch 1870 nicht erneuert. Auch beim Deutsch-Französischen Kriege blieb er ein preußischer Orden; selbst als Wilhelm II. ihn 1914 wiederum erneuerte, hatte sich daran nichts geändert, denn Preußen war inzwischen zur führenden Macht im Reiche geworden. Der »Dreh« kam erst 1939.

Jetzt auf einmal wurde aus dem schlichten EK ein gesamtdeutscher Tapferkeitsorden, auf dem die Krone dem Hakenkreuz zu weichen hatte.

Gewiß trug ihn niemand als Parteiorden, und niemand mochte bei der Verleihung anders empfunden haben als die Träger dieser schönen Auszeichnung vor ihm 1813 und 1870 und seine Väter 1914, aber danach war er nicht gefragt, der Sinn war verändert, und den Sinn gaben andere!

Oben (v.l.n.r.): Kgl. preußischer Johanniter-Orden: Kreuz der Reichsritter; drei kgl. griechische Orden 4. Klasse: Georgs-Orden (Zivilauszeichnung), Kreuz des Phoenix-Ordens, Europoeia-Orden (für gute Taten); Medaille zur Krönung König Georgs V. von Großbritannien; unten: Oft als Orden ver-

kannte Abzeichen (Badges). Hier handelt es sich (v.l.n.r.) um südamerikanische, spanische, kgl. britische und israelische Mützen-, Kampf- oder Tätigkeitsabzeichen.

Nun scheint nach dem verlorenen Kriege die Frage natürlich vollends berechtigt, ob ein solcher Orden heutzutage noch tragbar ist. Gewiß, man hat die Embleme des Dritten Reiches entfernt, man hat in langen Erläuterungen die Gründe dafür und dagegen gehört. Die Stimmen und Gegenstimmen sind bis heute nicht verstummt. Ein Ordensgesetz kann das nicht regeln, denn die Träger fühlen sich von den Emblemen, unter denen sie ihre Orden empfingen, diffamiert, und kein Gesetz vermag diese Unehre von den Ausgezeichneten abzuwaschen.

Aber es ereignet sich auf geheimnisvolle Weise hier und da in der Ordensgeschichte, daß ein Orden nicht nur in seinem Wert sinken und durch überreiche oder unehrenhafte Verleihung abgewertet werden kann, sondern daß ein Orden sich selbst und seine Ritter auch wieder herausheben kann aus der Periode der Unehre. Es scheint manchmal, als sei das Eiserne Kreuz der einzige Orden der Vergangenheit, dem das in unserer Zeit glücken kann. Offenbar wiegen die Taten der tapferen Männer aus den Befreiungskriegen, dem siebziger Kriege und dem ersten Weltkriege auf der Waage der Geschichte schwerer als die Untat eines Wahnsinnigen, der ein ganzes Volk ins Verderben gestürzt hat.

Die übrigen Orden, Abzeichen, Plaketten und Schilde, die viel zu vielen großen und kleinen Medaillen und Kreuze der jüngeren Vergangenheit sind im Bewußtsein des Volkes versunken. Schon heute betrachten jüngere Menschen die Orden ihrer Väter und Brüder mit unverhohlener Heiterkeit, als würden Absurditäten gezeigt. In Wahrheit ist es den Inhabern dieser Dekorationen aus »jener Zeit« dabei auch nicht ganz geheuer. Sie sind die Dokumente ihrer Teilhaberschaft an diesem Geschehen, das man heute lieber vergessen als ins Licht der zweifelhaften Ehre gehoben sehen will. In jener Zeit wurde die Begehrlichkeit des Volkes mit teuflischer List auf solche Zeichen des

Herausgehobenseins gelenkt. Für jede kleine »Tat« wurde eine Plakette verliehen. Wer für das Winterhilfswerk spendete, bekam die Entreetür mit einer Pappmedaille verziert, wer im Jugendwettstreit sportlich siegte, erhielt eine kleine Nadel, wer zu irgendeiner Organisation gehörte, trug am Jackett dieses Abzeichen, kurz, es war beinahe unmöglich, nicht mit einem verzierten Revers in der Öffentlichkeit zu erscheinen.

Geheimnisvoll bleibt, daß die Überfülle der kaum noch zu unterscheidenden Nadeln und Orden diese keineswegs abwertete. Es blieb eine »Sache« das SA-Sportabzeichen zu tragen oder die Rune des HJ-Leistungsabzeichens. Für den Lebens- und Arbeitskreis des Trägers waren diese kleinen Abzeichen schon so etwas wie Orden. Und der Krieg brachte später die unermeßliche Fülle der Möglichkeiten. Ärmelbänder und Oberarmschilde, Stecknadeln und Plaketten, auf Bänder aufgeheftete Broschen und Halskreuze waren zu haben. Daneben die traditionelle Rangfolge der alten Orden, auf viele Zwischenstufen erweitert.

Nun wurde aus der niedrigsten Stufe, dem *Ritterkreuz,* eine der höchsten. Dies reichte bald auch nicht mehr, und so wurde das Ritterkreuz, das wie ein Komturkreuz am Halse getragen wurde, angereichert durch Abzeichen, die bisher ganz anders zu verstehen waren.

Da gab es »Schwerter zum Ritterkeuz«, das war eine höhere Stufe, aber bis dahin waren Schwerter immer nur das Abzeichen dafür gewesen, daß ein Orden für eine Kriegstat verliehen wurde. Man kombinierte auch: »Eichenlaub mit Schwertern«. Alles wurde verunklart und umgedeutet. Das *Deutsche Kreuz in Gold* war kein Kreuz, sondern ein achtzackiger Stern, der viel kleiner war als ein üblicher Ordensstern und auf der rechten Brust getragen werden sollte.

Abgesehen von der »weltanschaulichen« Bedeutung, dem

politischen und ideologischen Charakter dieser Auszeichnungen, ist zu beobachten, daß keine der vielen kleinstaatlichen Ordensdekorationen vor dem Weltkrieg so schlecht gestaltet war wie die meisten der Hitlerzeit. Es ist kein Wunder, daß bei der Fülle der benötigten »Orden« nicht alle künstlerisch befriedigend ausfallen konnten, aber die Formen dieser merkwürdigen Gebilde werden heutzutage nur noch von den ungestalten Metallbildungen der DDR und der UdSSR übertroffen. Der Kitsch treibt ungeahnte Blüten. Da gibt es etwa für verdiente Militärchauffeure ein Blechstück in Form eines von einem Lorbeerkranz umrankten Steuerrades, das auf den Unterärmel aufgenäht wurde. Auf den Schilden, die für heldenmütige Verteidigung eines bestimmten, meist abgeschnittenen und später entsetzten Frontteils vergeben wurden, ist ein Stück Landkarte zu sehen, das diesen Abschnitt zeigt! Oder: auf dem Kriegsabzeichen für Hilfskreuzer segelt ein Wikingerboot über den Globus mit einem Wotan am Bug!

Sonst verlegte man sich aufs Kombinieren aller hergebrachten Symbole des Dritten Reiches, als da sind Adler in jeder Größe und Grimmigkeit, zuckende Blitze aus den Wolken, gekreuzte Schwerter in jeder Anordnung, aufgereckte Spieße und Pfeile, Anker und Eichenlaub, das sich überall als graphisches Füllsel anbringen läßt: als Kranz und Gewinde, als Bukett und Blatt, als Hintergrund und Vorwand. Was gab es noch zu sehen? Die gesamte Ausrüstung der Soldaten wurde verwendet: das Gewehr und die Handgranate in der Nahkampfspange und im Infanteriesturmabzeichen, der Panzer beim Panzervernichtungsabzeichen, die Flugabwehrkanone beim Heeresflakabzeichen, alle Arten Kriegsschiffe bei den verschiedenen Marinekriegsabzeichen und endlich der Fisch, und zwar ein Sägefisch, beim bestickten »Kampfabzeichen der Kleinkampfmittel«. Eine hübsche Blütenlese zur Abwertung des Ordensgedankens.

Nichts von alledem hätte man gebraucht. Keine Kriegsmacht der Welt hatte diese Inflation der Orden und Abzeichen. Es ist eindeutig, was sie bezwecken sollte, und bekannt, wie es ihr gelungen ist. Heute gibt es achtbare Debatten darüber, ob es überhaupt noch »fein« ist, mit solchen Auszeichnungen über die Straße zu gehen. Das ist das Ergebnis. Die tapfere Tat wurde durch diese Über-Dekoration entwertet, sie wird diffamiert durch das System, für das sie geleistet wurde.

Für den Träger dieser Orden gibt es natürlich immer den Rückzug ins Subjektive: »Ich habe nichts Unehrenhaftes getan, als ich ihn bekam, also werde ich ihn tragen.« Gut, womöglich ist dies eine Chance, die Orden wieder, eben vom Träger her, zu ihrem Eigenwert zu bringen. Aber das sind alles mittlerweile fast keine aktuellen Fragen mehr, denn auf den großen Bällen unserer Zeit werden Orden getragen, als habe es niemals eine Diskussion darüber gegeben. Beim Empfang des Bundespräsidenten bei seinem ersten Besuch in London standen die Herren seiner Begleitung ihren englischen Gastgebern folgendermaßen gegenüber: diese mit ihren Hoforden und jene mit der großen Ordensschnalle voller Kriegsorden aus dem eben mühevoll überwundenen Verderben! Eine possierliche Situation, auch neu in der Ordensgeschichte!

Zur Karnevals- und Fastnachtszeit regnet es in den närrischen Gebieten an Rhein und Isar Orden in großer Zahl, sie dekorieren Narren, und wer die meisten hat, ist der größte Narr.

Welche Weisheit darin liegt, nehmen selbst altgediente Tollitäten oft nicht mehr wahr. Die Ehre hebt sich selber auf, wenn sie an jeden übergehen kann, ein Orden wird zur Farce, wenn er ohne Rücksicht auf Verdienst verliehen wird; doch was sind Verdienste, und wer kann einen andern schon ehren? Das ist Narrendenken, und es gilt nur zur närrischen Zeit. Bisweilen freilich meint man, die Karnevalszeit reiche über viel weitere Teile des Jahres als nur für die begrenzte Frist vom 11. im 11. ab.

Wie wäre es, wenn man sich aller selbstquälerischen Fesseln entledigte und den Orden vorurteilslos gegenüberträte, so wie man vielen kleinen und größeren Nahtstellen des Daseins entgegenlebt, wo Schwäche und Wahrheit einander begegnen? Man könnte sich dann getrost einen Orden verleihen lassen, ohne sich erhöht zu fühlen, und könnte ebenso freimütig auf ihn verzichten und nicht Eifersucht empfinden, wenn der Kollege ihn bekommt. Man könnte mit allen seinen Orden erscheinen, ohne gockelhaft stolz aufzutreten, aber in dem gleichen Selbstgefühl mit »blanker Brust« auftreten, ohne sich zurückgesetzt zu fühlen. Das setzt natürlich innere Freiheit voraus, und wie man weiß, fehlt diese manchmal sowohl den Ordensrittern wie den Undekorierten. Man sieht: die Tatsache, Orden zu haben und zu tragen, oder sie nicht zu haben, oder sie zu haben und nicht zu tragen, oder sie zu haben und falsch zu tragen – das ist keine Charaktersache.

Ich finde, das beruhigt doch ungemein.

Orden als Sammler-Objekte
oder Wo finde ich . . .

Sammler seien eben Sammler, so meint man. Ob Bierdek-kel, Briefmarken, Weinetiketten oder antike Münzen: wo liege da der Unterschied, sobald es sich darum handelt, die Jagd auf Raritäten freizugeben.

Mit Orden sei das doch ein wenig anders, so meint man. Hier zeige sich nicht nur eine schier unübersichtliche Vielfalt an kunstgewerblichen und heraldischen Formen und Farben, ein köstliches Verwirrspiel mit Edelmetall, Emaille und edlen Steinen, hier trete dem Sammler ein buntes Zipfelchen vom Kleid der Geschichte entgegen. Daß dies eine Illusion sein kann, wurde mir beim Besuch einer renommierten deutschen Ordensauktion klar. Da saß der junge amtlich vereidigte Versteigerer inmitten der erregenden Zeugnisse der Geschichte – Uniformen, Helme, Waffen, Adelspatente und Orden – und lächelte. Ich hatte ihn gefragt: »Ja, läuft Ihnen denn nicht angesichts dieser ehrwürdigen Stücke ein Schauer über den Rücken?« Und er hatte geantwortet: »Ach wissen Sie, hier wird so Vielerlei angeliefert, da müßte ich ja dauernd wie unter der Brause stehen.«

Es ist also nichts mit dem Saum des Mantels der Geschichte, der uns streift, wenn der Herr der Zeiten vorübergeht. Man darf sich dem Ganzen in der Tat auch lediglich geschäftlich nähern. Das kann lukrativ, amüsant und aufregend sein. Die Frage: »Was kostet ein Orden?« ist genausowenig zu beantworten wie die nach dem Sinn des Lebens oder die, bisweilen lächelnd, meistens aber resignierend gestellte: »Was ist der Mensch?«

Orden sind Zeichen der Ehre, also ursprünglich nicht gedacht, als Spekulationsobjekte zu dienen. Mittlerweile hat sich der Wert fast aller Werte rapide verändert. Man kann folglich auch Orden kaufen, verkaufen, mit ihnen Kapital festlegen, einen »schwunghaften Handel« beginnen. In Deutschland hat sich ein »Bund Deutscher Ordenssammler e. V.« formiert. Welche Objekte heute im Handel erwerblich sind? Gegenfrage: Was ist heute eigentlich nicht zu haben? Mit Geld und Geduld, mit Spürsinn und Hartnäckigkeit läßt sich die entlegendste Dekoration auftreiben und erwerben.

Wer verläßliche Auskünfte über Preisentwicklungen wünscht, wird von den Händlern und Experten bisweilen recht unterschiedlich informiert. Das Geschäft mit Orden und Militaria blüht jedenfalls zusehends. Viele junge Sammler haben begonnen, entweder die von Vätern und Großvätern ererbten Stücke zu vervollständigen, mit ihnen in das Sammelgeschäft einzutreten oder eine neue eigene Sammlung aufzubauen. Das scheint so ganz und gar gegen den vermeintlichen Geist der Zeit zu sein. Man täuscht sich da. In den Auktionshäusern sind häufig junge Mannschaften tätig, »ungediente Leute«, denen man exakte Kenntnisse über militärische, heraldische, historische Details zuerst nicht zutraut. Bald aber enthüllen sie versierte Vertrautheit mit entlegenen Stiftungsdaten, seltenen Regimentsnamen, ungeläufigen Helmadlern und Säbelkörben. Militaria, speziell Orden sammeln erfordert zwar genaue Sachkenntnis, aber offenbar nicht mehr die geistige Identifikation mit der Geschichte und ihren Abläufen.

Was soll man sammeln? Man soll überhaupt nicht. Wer eine angestammte oder erworbene Liebe zu einem Sammelbereich pflegen kann, wird das gerne tun: die Auszeichnungen seines Heimatstaates, die Orden der Nation, die er liebt, die er verehrt. Es stimmt nicht, daß Preußen nur preußische Orden bevorzugten, zumal das Kurfürstentum

Brandenburg und das Königreich Preußen nicht gerade üppig waren in der Stiftung von Ehrenzeichen. Wer also Fülle sucht und Vielfalt, dem ist mit den fast unübersichtlichen vielen spanischen Orden eher gedient, auch mit den vielen französischen und der reichhaltigen Schatulle des Zarenreichs. Selbst die Sowjetunion bietet heutzutage einen ausführlicheren Katalog von (meist häßlichen) Orden an als das alte Preußen. In der Zeitschrift für Heereskunde, dem wissenschaftlichen Organ der »Deutschen Gesellschaft für Heereskunde«, sind bisweilen einige markante Beispiele des sowjetischen Klempnerladens dargestellt. Europa, so meinen manche Sammler, sei eigentlich abgegrast. Das mag eine Täuschung sein, denn die Vielfalt der kleinen deutschen Fürstentümer hat eine Menge verschiedenster Orden und Ehrenzeichen hervorgebracht, die italienischen Kleinstaaten ebenso. Das 19. Jahrhundert öffnete die Schleusen vor einer wahren Ordensflut. Kreuze, Sterne und Medaillen am Rips- oder Seidenband oder an der kostbaren Collane, die Ordenstrachten der alten Ritterordensgemeinschaften inbegriffen, öffnen für den zeitgenössischen Sammler ein reiches Feld zur Betätigung.

Die Orden der südamerikanischen Staaten, Nordamerikas, Europa-Imitationen und die fernöstliche Schönheit der oft kostbaren Ordenszeichen asiatischer Staaten und Reiche sind in den Angebotskatalogen deutscher Auktionen längst integriert. Diese wiederum sind geschäftlich vereint mit Filialen in vielen europäischen Handelsplätzen. Vernachlässigt ist heutzutage keines der Ordensgebiete, das kann sich ein tüchtiger Auktionator und Ordenshändler gar nicht leisten.

Wer freilich eine neue Sammlung aufbauen will, wird natürlich nicht seinerseits wieder mit einer »Pour le mérite«-Sammlung beginnen oder die Orden der Königreiche Bayern, Sachsen oder Württemberg zusammenzutragen versuchen. Das gibt es alles längst.

Unter den großen Ordenskollektionen, die in Museen vor sich hin funkeln, sind die berühmtesten natürlich in den europäischen Hauptstädten. In der Schatzkammer der Wiener Hofburg kann man die Kleinodien aus kaiserlichem Besitz besichtigen. Im Arsenal des Wiener Heeresgeschichtlichen Museums befindet sich eine wertvolle Sammlung von Orden und Ehrenzeichen. Das Museum der »Legion d'Honneur« in Paris verfügt über eine Sammlung französischer Orden. Auch das »Musée d'Armee« im Invalidendom offeriert eine kostbare und informative Sammlung. Vergleichbares ist im »War Museum« in London zu sehen und, etwas bescheidener, auf Schloß Rastatt. In der Neuen Welt befinden sich das Museum des Pentagon in Westpoint und das Smithsonian Institut in Washington im Besitz vieler europäischer, speziell nationalsozialistischer Beutestücke. Diesen kann man in den Heeresmuseen in Warschau und Prag begegnen, im Zeughaus auf dem Moskauer Kreml und in den Vitrinen der Leningrader Eremitage.

Außer dem verliehenen Stück, das der Ordensherr als Stifter beim Juwelier bestellt hat und dem Träger der Auszeichnung offiziell mit Urkunde und Zeremonie überantwortet hat, kann keine andere Form als Original bezeichnet werden. Freilich schließt das Abweichungen nicht aus, die im Laufe von langer Verleihungspraxis vorkommen. Die Mode oder der Zeitstil verändern selbst so handfeste Metallkunst wie es Ordenskreuze und Sterne sind. Bisweilen kann man die Echtheit einer Auszeichnung durch eingravierte Inschriften auf dem Avers oder Umschriften am Medaillenrand erkennen. Manchmal läßt sich eine eingravierte Matrikelnummer als Echtheitsbeweis nachweisen. Die höchste russische Tapferkeitsauszeichnung, das Georgskreuz, zeigt solche Matrikelzahlen. Echtheitserweis kann auch historische Patina sein. Sie hat ihren eigenen Charakter durch Luft und Sonne erhalten oder durch langes Tragen infolge der Reibung am Uniformtuch. Auch sie wird heutzutage imitiert, enthüllt sich aber häufig durch übertriebene Genauigkeit. Manche Auszeichnungen sind nur in beschränkter Zahl ausgegeben worden, tauchen aber im Handel überraschend zahlreich auf. Die Mehrzahl muß also falsch sein.

Wenn der Dekorierte sich auf eigene Kosten ein weiteres Exemplar anfertigen läßt, spricht man vom Duplikat, dieses kann kostbarer und reicher ausgestattet sein als das Original.

Von Mustern und Kopien spricht man, wenn Archive, Filmproduzenten oder Theaterrequisiteure Orden herstellen lassen. Für den Sammler ist die »zeitgenössische Kopie« von Interesse.

Die deutschen Militärorden, die das Dritte Reich vergeben hat, sind durch das Ordensgesetz der Bundesrepublik vom 26. 7. 1957 von nationalsozialistischen Emblemen befreit. Ohne das von Hitler eingefügte Hakenkreuz ist das altehrwürdige Eiserne Kreuz also ein Original. Das mit dem Hakenkreuz ausgegebene EK allerdings auch. Für Sammlerzwecke werden heutzutage eine Fülle von NS-Auszeichnungen hergestellt, die folglich durchweg Kopien genannt werden müssen. Der Handel mit solchen oft skurril imitierten Abzeichen, Medaillen und Plaketten ins meist ahnungslose Ausland blüht.

Wer gibt verläßliche Ratschläge? Einer der Senioren deutscher Heraldik ist Dr. Ottfried Neubecker. Er hat viele Orden entworfen, die Statuten des »Deutschen Adlerordens« nach österreichischem Vorbild formuliert und ratgebend historische, stilistische oder formenkundliche Fehler vermeiden helfen. Der Berliner Institutsgründer Dr. Klietmann steht mit Behörden und Sammlern in aller Welt in Verbindung. Die Häuser Graf Klenau, München, Jan K. Kube, München, K. H. Pawils von Bartholomaei beraten den Unkundigen gern. In Ingolstadt arbeitet der Ordensrestaurator Hartwig Friedrich und bringt manchen durch Krieg und Zeitläufe beschädigten Orden wieder zu altem Glanz. Die Gesellschaft der Militariasammler und der Bund Deutscher Ordenssammler vereinen Fachleute und Interessenten, Gutachter, Händler und Sammler. Auch hier scheint sich eine Beobachtung zu bestätigen, die unserer Zeit eigentümlich ist. Es gibt nur noch wenige Unternehmer auf eigene Faust. Selbst Orden werden »im Team« gemacht.

Wie hängt man den?
oder Unsitten der Dekorierten

Einen Orden zu erwarten ist spannend, einen zu erhalten kann bisweilen peinlich sein, meistens ist es befriedigend, manchmal beglückend, oft beschwerlich. Häufig stellen sich indessen die praktischen Nöte erst ein, sobald der Orden verliehen werden soll und getragen sein will.

Im fünften Abschnitt des Kommentars zum Gesetz über Titel, Orden und Ehrenzeichen vom 26. Juli 1957 (BGBl. I, S. 844) steht unter § 12 über die »Trageweise« von Orden alles Wichtige sorgfältig beziffert. Da ist die richtige Reihenfolge der Orden auf der Ordens-Schnalle angegeben (nämlich stets mit dem Bundesverdienstkreuz beginnend), die einem neuen Ordensträger keine Sorgen machen muß, denn dies erledigt für ihn der Ordenshändler. Den Unterschied zwischen großer und kleiner Ordens-Schnalle wird er als Zivilist auch bald bemerken: Er braucht die große nur zum Frack, die kleine nur als Reserveoffizier an der Uniform.

Aber die Miniaturen, die Kettchen und die Rosetten im Knopfloch! Auch dies ist einfach: Wozu haben Anzüge Knopflöcher, wo ihre Revers ohnehin nicht mehr überkreuzt geknöpft zu werden brauchen? Sofern ein Stangenanzug kein wirklich genähtes Knopfloch hat, muß man die paar Stiche eben auftrennen. Für womöglich knopflochlose Smoking-Revers gibt es winzige Stechrosetten, die hinter dem Seidenaufschlag mit einem kleinen Verschluß wieder befestigt werden.

Aber die Höhe der Befestigung? Man hat sich da eindeutig an die Vorschrift zu halten, die diesmal auch ästhetisch befriedigt. § 12,6,b: »Die große Ordensschnalle wird über der Tasche auf der linken Brustseite so befestigt, daß die untere Kante des gefalteten Ordensbandes mit der oberen Kante der Tasche abschneidet.«

Was sieht man da häufig für mißgebildete Ordensplätze! Wenn Feuerwehrleute, verdient und dekoriert, vor ihrem Landrat stehen, die frischverliehenen Ehrenzeichen unter dem Taschenknopf baumelnd, so daß das Kreuz in Höhe des nächsthöheren Ranges, also der 1. Klasse, hängt, stimmt die Sache nicht mehr. Aber da ist der Verleiher schuld. Er hat eben wenig Ahnung und steckt seine Ritterkreuze bei Schützenbrüdern, Arbeitersamaritern und Rotkreuzmännern, bei Johanniterhelfern und Steuerbeamten irgendwo in die Herzgegend.

Dabei ist es so simpel! Der eisernen Vorschrift folgend gehört das Kreuz an seinem unteren Ende an die obere Kante der Uniformtasche. Das heißt, der obere Rand des Ordensbandes ist etwa in Höhe des Knopfloches im linken Rockumschlag zu befestigen. Bei Zivilisten kann der Herr Landrat die BVK-Nadel ja gleich unter das Knopfloch stecken, da hängt das Kreuz richtig.

Beim Steckkreuz irrt man sich seltener: Es landet meistens sofort richtig an der altberühmten Stelle, wo das EK 1. Kl. getragen wurde. Sterne werden oft (um mit der stärkeren Nadel den feinen Anzugstoff des Geehrten nicht zu verletzen) in die linke Jackentasche neben das weiße Ziertüchlein gesteckt. Schön ist das nicht, aber in der Eile und verständlichen Verwirrung so eines feierlichen Augenblicks denn doch entschuldbar.

Man fragt sich, weshalb die amtlichen Verleiher nicht das Original in der Schachtel lassen und einfach die Miniatur ans Revers heften. Warum verleihen Regierungspräsidenten und ranggleiche Beamte am liebsten das »große Verdienstkreuz«? Es wird um den Hals gehängt. Aber das sieht nur so einfach aus. Wie ist es bei Vollbart-Trägern? Wie bei Damen? Und: soll man das vorsichtshalber lange Band passend verkürzen, sobald der Orden hängt? Meist ist auch in diesem Falle das Ergebnis scheußlich. Da wird das Halskreuz aus der Schachtel genommen, mit einigen lobenden Phrasen dem neuen Ordensträger über den Kopf gestreift und rutscht sogleich vor den Oberbauch. Dort stört es erheblich beim Sektglashalten, fällt beim anschließenden Galadiner in die Suppe, wird ärgerlich rasch wieder abgenommen oder verschwindet hinter der Weste. Das muß nicht sein. Der Verleiher kann sich zuvor bei der Dame des Hauses nach dem Halsumfang des zu Ehrenden erkundigen und die Verschlußschnalle öffnen, ehe er den Halsorden überstreifen hilft. Noch besser tritt ein Helfer (der persönliche Referent, der Sohn des Hauses oder der Nächststehende) hinter den neuen Ritter, ergreift die Enden des Halsbandes und schließt den Verschluß wie beim Collier einer Geliebten. Natürlich sollte man zuvor den oft strammen Gang der Schließe ausprobieren, sonst arbeiten plötzlich mehrere Helfer peinlich am Hals des unruhig lächelnden Ordensträgers, ehe der mit rotem Hals und verkehrt sitzendem Halsorden endlich das Glas zur Dankesrede erheben kann.

Wer etwa ein Ordensband über die Schulter gelegt bekommt, sollte nicht versuchen, vorher womöglich den Rock abzustreifen! Sofern die höhere Stufe mit Schulterband verliehen wird und der Akt der Verleihung in der üblichen Form vor sich gehn soll, lasse man das Schulterband getrost im Etui. Es sieht scheußlich aus, wenn ein gefeierter Mensch, mit den Armen räkelnd durch die bunte Schlaufe fährt, wie Laokoon wurstelnd, ehe das Band schief über dem Rock hängt. Dort gehört es nicht hin. Nur bei Uniformen liegt das Schulterband über dem Rock. Beim Frack gehört es unter die weiße Weste, nur bei Anwesenheit der Ordensherren wird es über der Weste getragen. Also, wenn der Bundespräsident einen Staatsgast empfängt und zu dessen Ehren das Großkreuz des jeweiligen Staatsordens trägt.

Was kann man da für jämmerliche Bilder beobachten! Der Starnberger Photograph Buchheim hat ein entlarvendes Bilderbuch gemacht (»Staatsgala«) beim Besuch des Königs von Spanien im Bonner Hauptstadtleben. Da stolzieren hohe Beamte umher wie Karikaturen von George Grosz mit viel zu langen Schulterbändern und ernsten Gesichtes. Sie haben offenbar seit der Verleihung ihrer Dekoration noch nie das Band mit dem Orden daran aus dem Etui genommen und gesehen, daß man es verkürzen kann, je nach Halsweite und Größe des Trägers. Da gibt es Stabsoffiziere mit ihren Kriegsauszeichnungen im Original. Damen höheren Alters stecken ihre Orden an den äußersten Rand des Ballkleids und entblößen so ein nicht mehr sehr ansehnliches Dekolleté. Da legen (fast alle) Träger von Halsorden ihre Dekorationen über die weiße Frackschleife, aber nicht fest genug, so daß sie im Laufe des Abends bis an den Kragenrand hochrutschen.

Bei den ausländischen Gästen kann man sehen, wie das geht: Alles sitzt an seinem Platz und bleibt auch dort, trotz Gedrängel, Tanz und Protokollaufregung. Allein Bundespräsident Scheel und die Herren des Protokolls zeigen sich tadelfrei und korrekt. So schwer kann das doch nicht sein! Denkt man, und muß immer wieder den Kopf schütteln, sobald man bei einer Einladung erscheint, zu der »großer Abendanzug, Uniform mit Orden« verlangt wird.

Unsere Nachbarn haben mit solchen Etikettefragen weniger Sorgen. In Frankreich, Belgien, England und den Niederlanden werden alle Jahre Hunderte von Orden verliehen. Der jeweilige Verleiher läßt die Damen und Herren vortreten, heftet die Dekoration an die richtige Stelle, umhalst den neuen Ritter, Komtur oder Großkreuzträger, schüttelt demokratisch die Bürgerhand, und die Sache ist einwandfrei erledigt. Danach bleiben die Originale in der

Schachtel bis zum Königingeburtstag, zum 14. Juli, zum Regimentstag oder zum Nationalfeiertag. Zwischendurch trägt man die Schleife oder Rosette am Revers und demonstriert damit ohne psychische Belastungen seinen Rang und Platz im Staate.

Nachwort des Chronisten

Das Ordenswesen ist in seiner Entwicklung auf den unteren Stufen der Bedeutsamkeit angelangt: halb belächelt und halb als kurioses Phänomen der Historie bestaunt, ist der Orden zum repräsentativen Spielzeug geworden. Gleichgültig, ob man diese Entwicklung bedauert oder begrüßt, sie ist zu konstatieren, und jeder, ob dekoriert oder ohne Ordenskreuz, mag sich seinen Vers darauf machen. Es wird den Orden nicht anders gehen als den Würden überhaupt. Wer sie hat und sie im rechten Geiste trägt, kann einen großen und guten Gedanken für andere deutlich machen. Freilich vermag er nicht dessen Weiterwirken bei den anderen zu bestimmen. Wem das Gefühl für innere Bedeutsamkeit fehlt, der vermag auch nicht von einem Sinnbild das Inbild abzuleiten, für ihn sind Symbole leere Gesten, er ahnt nichts von der Kraft der Zeichen.
Bisweilen scheint es, als wirkten die ältesten Zeichen am längsten fort; woran das liegt, soll hier nicht untersucht werden. Doch sieht man hin und wieder die Fasern einer Schnur, die vor Zeiten ein Bündel Geschichte verschnürte und scheinbar gerissen war – wieder neugeknüpft wurde, abermals zerriß und schließlich vergessen schien –, aus dem Schutt der Vergangenheit zum Vorschein kommen und die alte Bindung wieder heraufbeschwören. Solche Ariadnefäden finden sich häufiger, als man glaubt, und machen allemal ein Stück Geschichte lebendig.
Ein Stückchen von dem ältesten Band der Ordensgeschichte wurde in diesen Tagen sichtbar, als die Meldung durch die Presse ging, die Vertreter der getrennten euro-

päischen Provinzen des *Johanniterordens* hätten sich im Lande ihres Herrenmeisters, in Deutschland, getroffen und ihre Gemeinsamkeit und Einheit erneut bestätigt.

Diese Nachricht, zu der man Bilder von den schwarzbemäntelten Ordensrittern brachte – das weiße achtspitzige Kreuz auf dem schwarzen Ordensmantel –, war für den rückschauenden Chronisten der Ordensgeschichte so bedeutungsvoll wie nur je eine. Der Johanniterorden, die älteste aller dieser Institutionen, hatte in der langen und tragischen Geschichte seines Daseins nicht so sehr seine Feinde von außen als vielmehr seine Trennungen und Spaltungen von innen zu fürchten. Das lutherische Bekenntnis hatte den ursprünglichen Orden aufgespalten in den katholischen Malteserorden und den evangelischen Johanniterorden. Die Säkularisation hatte diesem Güter, Ländereien und anderen Besitz geraubt, der preußische König versuchte ihn als Orden seiner Krone neu zu beleben, schließlich fielen die Balleien nach dem zweiten Weltkrieg fast ganz auseinander. Die deutschen Johanniter blieben allein zurück, nachdem sich die holländische und die nordischen Provinzen vom gemeinsamen Oberhaupt losgesagt und ihre souveräne Eigenständigkeit proklamiert hatten. Nationale Johanniter sind daraus geworden, ein Widerspruch in sich selbst. Sie führten zwischen den Kreuzarmen die Sinnbilder ihrer Länder: die Lilie, den Löwen, und waren englische Johanniterritter unter ihrem König als Großmeister, niederländische Johanniterritter unter dem Prinzen Bernhard, schweizerische, schwedische – Partikel eines großen gemeinsamen Gedankens, der ja gerade jenseits der Nationalität lebendig sein sollte. Nicht immer kann man diese Bestrebungen nur als pures Ressentiment gegen den deutschen Führungsanspruch deuten, nicht allein die befleckte Vergangenheit Deutschlands und die untergegangene Größe Preußens machen diesen Zug zur Trennung erklärlich. Es schien viel eher dies alles der Vorwand zur Begründung einer Tendenz, die in diesen Jahren überall zu beobachten war: sich in all der Verwirrung und Zerstörung eine eigene Oase zu sichern, in der man mit seinesgleichen gewiß und vertraut leben kann.

Nun also – dies ist überwunden. Die Johanniter sind zurückgekehrt von den einsamen Stationen ihrer nationalen Außenposten zur gemeinsamen Mitte überstaatlicher Souveränität. Sie haben das nationale Kleindenken, das jahrhundertelang Europa erschüttert und zerstückt hat, abermals überwunden, genau wie ihre Ahnen im Heiligen Land jenseits nationaler Befangenheit und landsmannschaftlicher Provinzlerei sich einem großen gemeinsamen Gedanken verbunden hatten und sich nur so lange ihre echte Souveränität bewahren konnten, wie sie diesen Gedanken erhalten konnten. Sie haben ihn wiedererrungen, wenigstens soweit es in unserer Zeit möglich ist, derlei große Gedanken zu pflegen. Jene Bilder, auf denen die Abgesandten der englischen und niederländischen Kongregationen mit ihren deutschen Ordensbrüdern zum gemeinsamen Gottesdienst gehen und durch den einfachen schwarzen Mantel mit dem weißen Kreuz als Brüder unter einem gleichen Bekenntnis und als Gefährten zu einem gemeinsamen Ziel erscheinen – diese Bilder sind ein Stückchen jener Ariadnefäden, von denen die Geschichte zu Bündeln aus einander folgenden Ereignissen umschlossen wird.

Es ist also nicht so, daß die bunte und blitzende Flut der allzu vielen Verdienstkreuze die wenigen großen und einfachen Zeichen weggespült hätte. Vielmehr sind jene aus der angemaßten Bedeutsamkeit in das Meer der Vergessenheit gesunken.

Nur Fachleute vermögen heute noch die fast unübersehbare Zahl spanischer Orden und Auszeichnungen richtig zu übersehen. Niemand mag heutzutage einen spanischen

Titel oder Orden so ernst nehmen, wie er gern genommen werden möchte von seinen Inhabern. Man hatte sich deshalb vor einiger Zeit in Madrid entschlossen, diesem zum Unfug gewordenen Zeremoniell ein schlichtes und strenges Ende zu machen. Durch eine Verfügung wurde eine ganze Liste von Adelstiteln, hochtrabenden Namen, geschwollenen Anreden und bombastisch klingenden Orden außer Kurs gesetzt. Es war mittlerweile zu einem recht blühenden Geschäft geworden, ehrgeizige oder dekorationssüchtige Zeitgenossen gegen entsprechendes Entgelt zu einem großen Namen oder einem alten Orden kommen zu lassen.

Während der langen und harten Kämpfe der spanischen Christen gegen die maurischen Eroberer waren viele kleine und tapfere Ritterorden gestiftet worden, die nach Abschluß des spanischen Schicksals- und Glaubenskampfes in ihrem Ruhm, mit ihren Privilegien, Titeln und Orden weiterlebten. Der Anlaß ihrer Existenz war weggefallen, der Ruhm verblaßt, aber der Ruf ihrer Taten und die Aura ihrer Bedeutung hatten sich erhalten über Jahrhunderte hinweg, bis selbst die legitimen Nachkommen der ersten Träger dieses Ruhms sich kaum noch an die Fakten der Ehre ihrer Ahnen erinnern konnten.

Wer in alten Ordensbüchern blättert und das Kapitel Spanien aufschlägt, findet seitenlange Darstellungen iberischer Ordensgeschichten und unzählige bunte Abbildungen der absonderlichsten Orden, die längst von der Kreuzform abgewichen sind und die abstrusesten Bildungen zeigen: Vieleckige, siebenzackige Sterne, gekreuzte Baumstämme, ovale Medaillons mit ganzen Bildergeschichten, figürlichen Darstellungen, gebrochene Anker, flammende Herzen, religiöser Kitsch – alles wohlbelegt als uraltes historisches Gut, durch die Taten der Väter geweiht, durch päpstliche oder königliche Huld gestiftet, in Ehren getragen, voller Kraft verteidigt, aber endlich vergessen, verniedlicht, abgesunken zur Farce, kaum ernst genommen von den Snobs.

Es ist so etwas wie ein Pendant zu der Meldung von der Wiedervereinigung der Johanniter. Hier finden sich getrennte Brüder zu einer neu erlebten Einheit zusammen, es bewahrt sich der alte Geist, weil er sich bewährt hat – und dort löst sich die überlebte Größe von selber auf, löscht sich Geschichte aus den Annalen der Menschheit, vergeht Wirklichkeit, weil sie der Gegenwart schon lange nicht mehr standgehalten hat. Immer aber sind es die Menschen, die Entwicklung machen. Die uralten Taten der Johanniter sind gewiß nicht größer als die Verdienste der spanischen Helden, die Geschichte wertet nicht nach menschlichem Verdienst. Die Menschen sind es, die aus ihrer eigenen Geschichte wählen, was sie zu bewahren wünschen, und oft ist es möglich, daß sich die bessere Einsicht am Ende durchsetzt.

Daran ändert die Tatsache nichts, daß die Inhaber und Verwalter der alten spanischen Titel und Orden gewiß Möglichkeiten finden werden, das Verbot der Regierung zu umgehen und ihre Würden, oder was sie dafür halten, auch in Zukunft dem Meistbietenden zu verkaufen. Es wird spanische Ordensritter geben, die nicht wissen, wo die alte Festung gelegen hat, die der Stifter des Ordenszeichens, das sie blasiert am Frackrevers bei irgendeinem Empfang tragen, für seinen Glauben und seinen König verteidigt hat.

Ebenso wird es in England oder in den Niederlanden Johanniterritter geben, die die Wiedervereinigung mit dem deutschen Ordensteil für unstatthaft und falsch halten, die es für einen Rückschritt erachten, einmal vollzogene Beschlüsse aufzuheben und die deutschen Johanniter, die sich nach ihrer Meinung allzu vergeblich gegen die Barbarei im eigenen Land aufgelehnt haben, wieder zu Gleichberechtigten zu machen. Für beide Meinungen gibt es Argumente, doch scheint es so, als seien sie nicht mehr stichhaltig, als habe die Menschheit nach zwei Kriegen unter der Bedrohung durch eine proletarische Weltherrschaft keine Zeit mehr für zeremonielle Faxen und keinen Raum mehr für die subtilen Differenzen unter ihren ritterlichen Glaubensvertretern.

Dies sind ernste und schwerwiegende Zeichen, die aus dem alten Ordenswesen in unsere Gegenwart hineinwirken, auch wenn sie von der Mehrzahl der Zeitungsleser und Kinogänger, die solche Meldungen am Frühstückstisch überfliegen, oder sich im Fernsehen vorsetzen lassen, nicht wahrgenommen werden. Am Ende, zum nachdenklichen Schlußwort des Chronisten, mögen sie als ein Hinweis auf die Kontinuität gelten.

Da gab es den Prozeß gegen die Rebellen-Generale in Algerien vor dem Pariser Gerichtshof, und man erfuhr mit einigem Erstaunen, daß das Großkreuz der *Ehrenlegion* auch heute noch und selbst in einer so ausweglosen Situation ein Ehrenschutz ist. Die Inhaber dieses höchsten französischen Ordens sind selbst als Mitschuldige bei einem Staatsstreich durch die Würde ihrer Ritterschaft vor der öffentlichen Unehre geschützt. Der Großmeister des Ordens müßte den Träger dieser Auszeichnung erst aus dem Kreise der Dekorierten verbannen, ihm die Ritterschaft nehmen, ihn der Würde entkleiden, ehe das öffentliche Recht sich seiner bemächtigen kann.

Seltene Reservate mittelalterlichen Denkens in einer Zeit, der die Prinzipien der Freiheit und Gleichheit – zumindest der Gleichheit der Menschen vor dem Gericht – selbstverständliche Denkgewohnheit sind. Nun wird freilich dieses Privileg nicht allen Trägern der französischen Ehrenlegion erteilt, sondern nur den wenigen Inhabern des Großkreuzes, aber es erstreckt sich doch der Abglanz dieses Vorrechtes über alle Klassen des Ordens bis hin zu den vielen Trägern des Kreuzes der

Légion d'honneur, die sich vor Gericht nicht auf ihre Ritterschaft berufen können.

Auch in England und in den nordischen Staaten gibt es noch einige wenige solcher alten Rechte für die Träger höchster Auszeichnungen – ein kleiner Rest von der Vorstellung, daß die Öffentlichkeit einem durch den Souverän hervorgehobenen Mann bleibenden Respekt schuldig ist so lange, bis sich das Vertrauen des Landesherren von dem Dekorierten abwendet. Es ist erstaunlich, daß sich diese Dinge ohne wesentliche Abstriche kontinuierlich bis in die Gegenwart erhalten haben, und nicht nur in den Ländern, wo durch die Monarchie ein Hof besteht und ein Monarch herrscht, sondern selbst bei den Erfindern der modernen Republik, in Frankreich, wo an die Stelle der Person des Monarchen der Begriff des souveränen Volkes getreten ist, das nun – gleichsam in Umkehrung der Verhältnisse – die Gebräuche der Monarchie aufrechterhält. Dankbarkeit und Ehrbegriff erweisen sich als zeitlose Tugenden jenseits der umstürzlerischen Tendenzen der Neuzeit.

Es gibt, wenn man nur genau hinschaut und den flüchtigen Zeitungslesern und Fernsehteilnehmern über die Schulter blickt, noch andere Stellen auf der Welt, wo sich echte Tradition gehalten hat, die sich vor der Abwertung durch die Vernunft und den Fortschritt bewahren konnte. Das Ordenswesen des Vatikans, das sich jahrhundertelang in der verheerenden Misere befand, Geldquelle des Papstes zu sein, und mit hochheiligen Symbolen zu allerlei zweckdienlichen Manipulationen mißbraucht wurde, hat sich seit der Mitte des 19. Jahrhunderts durch energische Maßnahmen der Päpste auf seine Devisen besonnen und sich stabilisiert, dergestalt, daß die Päpste ihre Ordensgeschäfte selbst in die Hand nahmen, den einflußreichen italienischen Adelshäusern die Rechte zur Verleihung der päpstlichen Orden entzogen, ihnen die Gebühren dafür strichen und ihre Orden bis auf wenige wesentliche Dekorationen abschafften. Heute ist das päpstliche Ehrenzeichen *Pro ecclesia et pontifice* für gläubige Katholiken eine ehrenvolle Auszeichnung, und die Klassen des päpstlichen *Pius-Ordens* stehen jenseits des Verdachtes, womöglich käuflich erreichbar zu sein. Und als Königin Elisabeth von England ihren offiziellen Staatsbesuch im Vatikan machte – was wiederum nicht nur die diplomatischen Kuriere, sondern auch die Modereporter und Illustrierten-Berichter ausführlich und bilderreich meldeten –, da wurden ihr als nichtkatholischer Monarchin von Papst Johannes XXIII. 20 in den Katakomben gefundene Golddukaten geschenkt, denn den *Christusorden* konnte sie nicht bekommen, weil er katholischen Souveränen vorbehalten bleibt. Der nächste Anwärter auf den Christusorden war der belgische König Baudouin, der ihn bei seinem Staatsbesuch in Rom erhielt, als der Papst das junge belgische Königspaar begrüßte.

Die hohen Orden, die heute noch verliehen werden können, haben sich zu ihrem Glück von dem historischen Handelswert entfernt und sind zu Sinnbildern geworden. »Historischer Handelswert«, das will hier besagen, daß sie in den Zeiten souveräner Monarchien, ständischer Hierarchie und führender Aristokratie Realitäten waren, um derentwillen sich der persönliche Einsatz lohnte. Daß heute Orden als Sinnbilder gelten, kann ihnen nur zustatten kommen, denn für den modernen Menschen, der der Welt der Technik, dem Zauber der Mechanik und dem Wagnis der Katastrophe verfallen ist, bedeuten Wappentiere, Sterne, Kreuze und Bänder nichts Lohnendes mehr. Was aber blieb, sind die Symbole für geistige Wirklichkeiten. Sie liegen jenseits der greifbaren Realität und sind nur noch einer kleinen Schar zugänglich. Das Ordenswesens hat auf diese Weise unter dem Zwang der geschichtlichen Konsequenz und unter der Nötigung furchtbarer Logik des politischen Gefälles jenen geistigen Raum zurückgewonnen, den es im Laufe der Jahrhunderte aufgegeben hatte – veruntreute, verriet oder geopfert hatte. Komplizierte geschichtliche und menschliche Konflikte gehen da ineinander über und bestimmten den Weg der Ordensgeschichte, die zu ihrem Teil ein Abbild der Weltgeschichte ist.

Wenn heute der Papst den *Christusorden* verleiht, Königin Elisabeth einen neuen Ritter in das Kapitel des *Hosenbandordens* aufnimmt, der König von Schweden den *Schwertorden* erteilt, so sind dies gewiß in hohem Maße Akte persönlicher Reverenz, Vollzugshandlungen im ewigen Spiel zwischen Verdienst und Belohnung, Partikel im Hofleben oder notwendige Ereignisse im Ablauf gesellschaftlichen oder politischen Lebens; die Seltenheit solcher Ereignisse aber macht sie zu etwas Gewichtigem.

Die Inflation der Titel und Würden liegt heute nicht mehr auf dem Felde, das früher das Hofmarschallamt zu bestellen hatte – sie grassiert in der freien Wildbahn des staatlichen und politischen Wettkampfes. Professorentitel, Präsidentenwürden, Literatur- und Kunstpreise, Ehrendoktorhüte und Medaillen, Plaketten, Diplome, Ehrenbürgerbriefe, Ehrenringe und Eintragungen in diverse Goldene Bücher sind so sehr an der Tagesordnung, daß sie nur noch die Lokalredaktion als wichtige Meldung mit fetter Überschrift versieht.

Niemand kann im Ernst daran glauben, daß die Lust der Menschen an der Repräsentation, der Stolz, sich öffentlich bestätigt zu sehen, durch den vermeintlichen Fortschritt der Aufklärung oder die Morgendämmerung der Neuzeit geringer geworden seien. Diese Urinstinkte der Menschheit haben sich ohne Abstrich erhalten, sie sind lediglich in ihrer Erscheinungsform von einer Ebene auf die andere gerutscht. Schließlich und endlich besteht kein so wesentlicher Unterschied darin, ob einem verdienten Untertan von seinem Monarchen ein Orden angesteckt wird oder ob ein verdienter Staatsbürger ein Diplom dafür erhält, daß er sich eifrig und aufmerksam um das Gemeinwesen bemüht hat.

Ein bekannter Politiker, den man bei offiziellen Gelegenheiten in der Bundeshauptstadt oder beim Presseball zuweilen mit dem Ritterkreuz unter der weißen Frackschleife sehen konnte, wird als Urheber einer Anekdote genannt, der auf die Frage nach seiner Einstellung zum Wert von Orden geäußert haben soll: »Man kann bei solchen festlichen Abenden die Kellner von den Gästen besser unterscheiden.« Das ist nun freilich bittere Ironie, denn jeder weiß, daß Kriegsauszeichnungen vom Range des Ritterkreuzes im letzten Krieg nicht verschenkt wurden. Es zeigt aber auch die innere Hemmung, mit der Zeitgenossen in Deutschland Fragen nach diesem Komplex des Lebens gegenüberstehen. Die Träger von Kriegsauszeichnungen oder Verdienstorden der Kaiserzeit können sich heute im öffentlichen Leben allenfalls dem gutmütigen Spott über eine gewisse museale Historizität ausgesetzt fühlen – die Träger von Kriegsauszeichnungen der Hitlerzeit sind oft übel daran, wenn sie durch das öffentliche Zeigen schon des Eisernen Kreuzes für ihre Person glaubhaft machen wollen, daß sie sich auf die Belohnung einer tapferen Tat berufen und zugleich die Identität ihrer politischen Meinung mit der des Nationalsozialismus leugnen möchten. So schwierig wie heutzutage in Deutschland haben es die Träger von Auszeichnungen noch niemals gehabt. In Frankreich, wo das politische Leben während der letzten beiden Jahrzehnte wechselhaft genug war, ließ man die Träger von Dekorationen jedes Regimes ungeschoren ihren verdienten Respekt genießen. Freilich hatten dort die großen und mittleren Teilhaber an den gerade vergangenen Systemen Takt und Schneid genug, sich nicht über Gebühr lange zu den versunkenen Größen weiter zu bekennen.

Es mag dann also wohl erlaubt sein, das tiefgründig ernste Nachdenken über den Wert und das Schicksal der Orden zugunsten eines fröhlichen Querschnitts durch die bunte Welt der Sterne und Bänder, Kreuze und Medaillen aufzugeben, wie er auf diesen Seiten versucht wurde. Vielleicht mag dabei deutlich werden, daß die Geschichte der Menschheit eine ernstzunehmende, heldische, blutige, folgenreiche Seite hat – und gleichzeitig eine mehr dekorative, freundliche, eine, die man womöglich belächeln kann, wenngleich ihr ebenso Qualitäten der Würde, der Überzeugungstreue, ja, des Heiligen innewohnen. Was sich auf den Schlachtfeldern und in den Konferenzsälen, bei Begegnungen im Gespräch und mit der Waffe als Entscheidung für das weitere Geschick der Menschheit ergab, wurde oft vorbereitet oder begleitet von den Geschehnissen am Rande, jahrhundertelang dekoriert von der farbigen Pracht bunter Ordensmäntel, seidener Großkreuzschärpen und kleiner Reversrosetten. Die Schachtel, in der die Auszeichnung an ihrem bunten Band auf der Samtausstattung im Dunkel des Kleiderschrankes oder der Schublade liegt, ist der sichtbare Anteil, den der einzelne am Gang der Geschichte hat. Wer weiß, wie oft nicht die vielen Träger königlicher Verdienstorden allerorten in stillen Stunden die Schubladen ihrer Schreibtische geöffnet haben, um für Augenblicke auf das schimmernde Metall oder Email zu blicken, sich in den Namenszug, das Datum oder die Devise ihres Ordens zu versenken und sich dabei daran zu erinnern, wie sie durch dieses Zeichen der Bestätigung der Geschichte verpflichtet sind. Wer heute in den großen Museen unter den Glasscheiben die funkelnde Pracht alter Orden bewundert, wer etwa die Ordenssammlung Bismarcks oder der Bayernkönige, der Hohenzollern oder der Bourbonen besichtigt, findet nicht nur einen Querschnitt durch die repräsentative Schönheit jener Zeit vor, sondern auch die Belege für das Verknüpftsein des betreffenden

Dekorierten mit seinen Partnern im Spiel der Kräfte um politische Macht und Größe.

Daß die deutschen Fürsten 1914 die Insignien des ihnen verliehenen *Hosenbandordens* nach London zurückschickten, war mehr als eine ganz überflüssige politische Demonstration. Diese Männer hatten sich im Eifer der politischen Entrüstung so weit verstrickt, daß sie die Symbole der Gemeinsamkeit fürstlicher Vetternschaft damit ein für allemal weggaben. Mit diesem voreiligen Schritt ist ein in der Öffentlichkeit kaum beachteter Akt im Vollzug der Auflösung traditioneller Gemeinsamkeit begangen worden, der niemals wiedergutzumachen ist. Es trugen seinerzeit die Inhaber der beiden höchsten Orden Großbritanniens und Preußens (des *Hosenbandordens* und des *Schwarzen Adlerordens*) auf den Ordensmänteln des einen den Stern des anderen Ordens, um den von Strahlenbündel zu Strahlenbündel das Band des anderen Ordens geschlungen war. Selten ist eine innige Verknüpfung so eindrucksvoll dokumentiert worden wie bei diesen Vertretern des europäischen Hochadels, und selten haben Repräsentanten zweier Großmächte im lebendigen Austausch gemeinsamer Vergangenheit sich so deutlich zu einem verwandten Ideal bekannt. Es war, wie gesagt, dem teutonischen Eifer vorbehalten, diese jenseits von kriegerischen Konflikten überdauernden und bleibenden Zeugnisse historischer, völkischer und geistiger Zuordnung zu zerstören. Man weiß, wie schwierig sich englische Hof- und Rechtskreise nach dem Krieg gegenüber ganz anderen familienrechtlichen Forderungen eingestellt haben, die das Haus Hannover austragen mußte. Es mag vielleicht hierbei auch die tiefe Betroffenheit zum Ausdruck gekommen sein, die von jenem unfreundlichen und übereilten Akt herrührte. Es wird außerdem daran deutlich, wie schnell und überraschend die Ordensgeschichte zu einer Staatsaktion werden kann, wie anfällig und subtil der stolze Bau der Ordenshierarchie war und wie verletzlich echte Würde ist.

Die Rückgabe des Hosenbandordens war womöglich sogar statutengemäß. War nicht durch die Kriegserklärung der Ritter-Treueid gebrochen? Den Kaiser von Japan hat man Jahre später freilich wieder in die Rittergemeinschaft aufnehmen müssen.

Die zeitgenössischen Bemühungen deutscher Länder im Zuge der Fundierung eines neuen Staats- und Landesbewußtseins beziehen die Stiftung von Landesorden ausdrücklich und, wie es scheint, mit Erfolg in ihre Dispositionen mit ein.

Die Einwände gegen diese Betrebungen waren erheblich, wurden im Tone der Ironie und der Entrüstung geäußert und haben gewiß keinen Erfolg, denn die Menschen sind die gleichen geblieben: sie lassen sich gern in ihrem Wert bestätigen, ihr Verdienst belohnen und ihre Beziehungen zum Gemeinwesen öffentlich sichtbar machen. Das gesellschaftliche Leben der Gegenwart würde sicherlich durch diese freundlichen Insignien farbiger und lebendiger werden, das Maß der Eitelkeit, die Künste der Intrigen, der Eifer des Ehrgeizes würden nicht steigen, sondern sich nur verlagern, und die Interessen vieler Menschen, deren Sinn heute auf materiellen Lohn ausgeht, hätten neue Nahrung am Immateriellen. Freilich: ließe sich zugunsten des hohen Wertes unseres Bundesverdienstkreuzes auf die Landesorden verzichten, wäre dies die bessere Lösung.

Mit dieser Auszeichnung nämlich hat sich die Bundesrepublik einen überall respektierten und besonders im Ausland gern angenommenen Orden geschaffen, der beides erfüllt: Sinnbild zu sein und sichtbare Belohnung, Zeichen und Dekoration.

Der Reigen der Menschen im immerwährenden Tanz um Erfolg, Macht, Belohnung und Ehre wird, wie man aus der Geschichte ablesen kann, durch keine noch so große Katastrophe unterbrochen. Die Sterne, Kreuze und Bänder, die Orden in aller Welt begleiten ihn. Der fröhliche, laute, oft tragische Wirbel, den die Dekorierten mit den Nichtdekorierten gemeinsam veranstalten, ist eine Weltgeschichte eigener Art. Wie die Geschichte nicht endet vor der Zeit, kann dieser Wirbel nicht abreißen ohne inneren Grund. Bisher hat es einen solchen nicht gegeben, und so wird man denn nicht erwarten können, daß die Ordensgeschichte zu Ende ist. Im Gegenteil, sie setzt sich fort und wird bleiben, was sie war, ein Spiegelbild ihrer großen Schwester, der Weltgeschichte.

Kleine Auswahl der Sinnsprüche, Devisen und Motti

ABDUL AZIZ (Herrscher der Türkei genießt das Vertrauen Allahs): türkischer Osmanie-Orden

AL MERITO Y VIRTUDES (Für Verdienste und Tugenden): mexikanischer Orden Unserer Lieben Frau von Guadalupe

AL PATRIOTISMO HEROICO (Für heldenhaften Patriotismus): mexikanischer Orden Unserer Lieben Frau von Guadalupe

AMANTIBUS IUSTITIAM PIETATEM FIDEM (Denen, die Gerechtigkeit, Frömmigkeit und Treue lieben): Holstein-gottorpscher, später zaristischer St.-Annen-Orden

ANTE FERIT QUAM FLAMMA MICET (Zuerst schlägt man Feuer aus dem Stein, dann schlägt die Flamme hoch): burgundischer Orden vom Goldenen Vlies

AUSPICIUM MELIORIS AEVI (Vorbote eines besseren Zeitalters): englischer St.-Michaels- und St.-Georgs-Orden

DEM VERDIENSTE: sächsischer Zivilverdienstorden

DEO JUVANTE (Mit Gottes Hilfe): monegassischer Karls-Orden

DE REGE OPTIME MERITO (Welcher sich am meisten um den König verdient gemacht hat): sizilianischer Orden Franz I.

DER TAPFERKEIT: die österreichische Medaille Für Tapferkeit

DUCE ET AUSPICE (Unter Führung und Schutz des hl. Geistes): französischer Orden des hl. Geistes

EL SOL DEL PERU (Die Sonne Perus): peruanischer Sonnen-Orden

EUROPAE LIBERTATE ASSERTA (Nach Sicherung von Europas Freiheit): österreichisches Armeekreuz

EX ORIENTE LUX (Aus dem Osten kommt das Licht): bulgarischer Orden des hl. Cyrill und des hl. Method

168

F.e.r.t. =Fortitudo eius Rhodum tenuit – Seine Tapferkeit (des savoyischen Herzogs Amadeo VI.) hat Rhodos gehalten (die Lesung ist umstritten): savoischer Annunziaten-Orden

For Gallantry (Für Tapferkeit): englisches Georg-Kreuz

For God And The Empire (Für Gott und Reich): Orden des Britischen Reiches

Fortitudini (Für Tapferkeit): österreichischer Militär-Maria-Theresien-Orden

Für Baden's Ehre: badischer Karl-Friedrich-Militärorden

Fleiss, Ergebenheit, Treue: türkischer Medijidjie-Orden

Fürchte Gott Und Befolge Seine Befehle: anhaltischer Orden Albrechts des Bären

Für Ehre Und Wahrheit: badischer Orden vom Zähringer Löwen

Für Verdienst: sächsischer Zivilverdienstorden

Für Verdienste Und Den Staat: preußische Verdienstmedaille

Gerechtigkeit Und Macht: badischer Orden Berchtholds von Zähringen

God Zij Med Ons (Gott sei mit uns): Nassau-Oranien-Orden

Gott, Ehre, Vaterland: hessischer Ludwigs-Orden

Gud Og Kongen (Gott und der König): dänischer Danebrogorden

Heaven's Light Our Guide (Unser Führer ist das himmlische Licht): englischer Orden des Sterns von Indien

Honi Soit Qui Mal y Pense (Ehrlos sei, wer Schlechtes – d. h. über die Strumpfbandaffäre – dabei denkt): englischer Hosenbandorden

Honneur Et Patrie (Ehre und Vaterland): französischer Orden der Ehrenlegion

Humilitas (Demut): mexikanischer Damenorden

Ich Dien (Ich diene): englischer Bath-Orden

I.h.s. = Jesus hominum Salvator (Jesus, Erlöser der Menschen): schwedischer Seraphinen-Orden

I.h.s.v. = In hoc signo vinces (In diesem Zeichen wirst du siegen): parmaischer Konstantin-Orden

IMMENSI TREMOR OCEANI (Das Beben des unermeßlichen Ozeans): französischer St.-Michaels-Orden

IMMOTA FIDES (Unerschütterliche Treue): braunschweigischer Orden Heinrichs des Löwen

IMPERATRICIS AUSPICIIS (Unter dem Schutz der Kaiserin): Orden des Indischen Kaiserreichs

IN SENIO E FLAMMIS ORIOR (Im Alter erneuere ich mich aus den Flammen): hohenlohischer Phönix-Orden

INTEGRA MENS AUGUSTISSIMA POSSESSIO (Ehrlicher Sinn ist der wertvollste Besitz): kubanischer Orden José Lanuze

INTEGRITATI ET MERITO (Für Unbescholtenheit und Verdienste): österreichischer Leopold-Orden

IN TRAW VAST (In fester Treue): bayrischer St.-Hubertus-Orden

JE L'AY EMPRIS = Ich hab's unternommen (das goldene Vlies): burgundischer Orden vom Goldenen Vlies (in Gold auf dem Saum der Rittermäntel)

JE MAINTIENDRAI: (Ich werde aufrechterhalten; eigentlich: je maintiendrai Orange . . . ich werde das Haus Oranien aufrechterhalten, d.h. weiterführen, und zwar im genealogischen Sinne): luxemburgischer und nassauischer Orden des Goldenen Löwen

JUGOSLOVENSKA NARODNA ARMIJA OBRANA OTADŽBINE (Die jugoslawische nationale Armee bürgt für die Verteidigung des Vaterlandes): jugoslawischer Orden der Nationalen Armee

LA UNION ES LA FUERZA (In der Einheit beruht die Kraft): bolivianischer Orden des Andenkondors

L'UNION FAIT LA FORCE (Einigkeit macht stark): belgischer Leopold-Orden

MAGNANIMI PRETIUM (Belohnung des Edelmütigen): dänischer Elefanten-Orden

NEC ASPERA TERRENT (Sie schrecken keine Schwierigkeiten): hannoverischer Guelfen-Orden

NEMO ME IMPUNE LACESSIT (Niemand berührt mich straflos): schottischer Distelorden

NESCIT OCCASUM (Er geht nie unter): schwedischer Nordstern-Orden

NUNQUAM RETRORSUM (Nie zurück): hannoverischer St.-Georgs-Orden

O QUAM CLEMENS ET MISERICORS EST DEUS, O QUAM PIUS ET IUSTUS (O, wie freundlich und barmherzig ist doch Gott, o wie gut und gerecht): ungarischer Drachen-Orden

PATRIAM SERVANDO VICTORIAM TULIT (Durch Dienst am Vaterland verhalf er ihm zum Sieg): französischer Befreiungsorden

PAUPERUM SOLATIO (Zuflucht der Armen): portugiesischer St.-Isabellen-Orden

PER ASPERA AD ASTRA (Durch Nacht zum Licht): mecklenburgischer Orden der Wendischen Krone

POBEDA (Sieg): sowjetischer Sieges-Orden

POLONIA RESTITUTA (Erneuertes Polen): Orden der polnischen Wiedergeburt

POUR LE MÉRITE (Für Verdienst): preußischer Militärverdienstorden

PRÁCI ČEST (Ehre der Arbeit): tschechoslowakischer Orden der Arbeit

PRAVDA VÍTĚZÍ (Die Wahrheit siegt): tschechoslowakischer Orden des Weißen Löwen

PRETIUM NON VILE LABORUM (Kein geringer Preis der Mühen): burgundischer Orden vom Goldenen Vlies

PRIN NOI INSINE (Nur durch eigene Anstrengung): Orden der Rumänischen Krone

PRO FIDE REGE ET LEGE (Für den Glauben, den König und das Gesetz): polnischer Orden des Weißen Adlers

PROLETARII VSECH STRAN SOJEDINJAJTES (Proletarier aller Länder, vereinigt Euch!): sowjetischer Orden des roten Banners

PRO PATRIA (Für das Vaterland): schwedischer Schwert-Orden

PRO RENOVATA PATRIA (Für das wiedererstandene Vaterland): königlicher Orden Beider Sizilien

PROVIDENTIAE MEMOR (Der Vorsehung eingedenk): sächsischer Orden der Rautenkrone

QUIS SEPARABIT (Wer wird uns trennen?): irischer St.-Patrick-Orden

QUIS UT DEUS (Wer ist wie Gott): bayerischer St.-Michaels-Orden

RELIGION, INDEPENDENTIA, UNION (Religion, Unabhängigkeit, Einheit): mexikanischer Orden Unserer Lieben Frau von Guadalupe

RELINQUO VOS LIBEROS AB UTROQUE HOMINE (Ich lasse Euch als von jedem Menschen Befreite zurück): sanmarinesischer Orden des hl. Martin)

RUBET ENSIS SANGUINE ARABUM (Das Schwert von Araberblut gerötet): spanischer Orden des hl. Jakob vom Schwert)

SALUS ET GLORIA (Heil und Ruhm): österreichischer Sternkreuz-Damenorden

SI DEUS NOBISCUM QUIS CONTRA NOS (Wenn Gott mit uns ist, wer ist dann gegen uns): hessischer Orden Philipps des Gütigen und ungarischer Verdienstorden (1922)

SIGNUM LAUDIS (Ein Zeichen des Lobes): österreichische Militärverdienstmedaille

SUSCIPERE ET FINIRE (In Angriff nehmen und ausführen): hannoverscher Ernst-August-Orden

SUUM CUIQUE (Jedem das Seine): preußischer Orden des Schwarzen Adlers

TRIA IUNCTA IN UNO = Drei sind in einem vereinigt (die englische, schottische und französische, später irische Krone): britischer Bath-Orden

TRUDOM SVOIM OSA PRIOPRJETE (Durch eigene Anstrengung erreichte er alles): serbischer St.-Sawa-Orden

UBIQUE PATRIAE MEMOR (Wo immer du auch seist, gedenke der Heimat): brasilianischer Orden Rio Branca

UNSER ERDENLEBEN SEI GLAUBEN AN DAS EWIGE: bayerischer Theresien-Orden

VALEUR ET DISCIPLINE (Mut und Zucht): französische Militärmedaille

VIGILANDO ASCENDIMUS (Durch Wachsamkeit schwingen wir uns empor): sächsisch-weimarischer Orden der Wachsamkeit oder des Weißen Falken

VIRIBUS UNITIS (Mit vereinten Kräften): österreichischer Franz-Joseph I. Orden

VOM FELS ZUM MEER: fürstl. hohenzollerischer Hausorden

VOR IHM ERBLASST DER LÖWE UND VERSTUMMT DER TIGER: chinesischer Orden des Doppelten Drachen

VULE LIDU ZÁKONEM (Der Wille des Volkes sei Gesetz): tschechoslowakischer Orden des 25. Februar

ZA NARODNA SVOBODA 1941–1944 (Für die Freiheit des Volkes): bulgarischer Orden der Freiheit für das Volk

ZA NEZAVISNOST CRNE GORE (Für die Unabhängigkeit Montenegros): montenegrinischer Unabhängigkeits-Orden

ZA OJCZYZNE I NARÓD (Für Vaterland und Volk): polnischer Orden des Weißen Adlers

ZA TRUDY I OTEČESTVO (Für Arbeit und Vaterland): russischer Alexander-Newski-Orden

Quellen

Abbot, P.E. Tamplin, J.M.A.: British Gallantry Awards, London 1971

Areen, E.E. Lewenhaupt, S.: De nordiska ländernas riddarordnar, Eskilstuna 1942

Ashmole, E.: The Institutions, Laws and Ceremonies of the Most Noble Order of the Garter, London 1672

Bascapé, G.C.: L'Ordine Sovrano die Malta e gli Ordini Equestri della Chiesa, Milano 1940

Biedenfeld, F. von: Geschichte und Verfassung aller geistlichen und weltlichen Ritterorden, Weimar 1841

Brinkmann, J.: Orden und Ehrenzeichen des »Dritten Reiches«, München 1975

Chaffanjon, A.: Les grands ordres de chevalerie, Paris 1969

Das Goldene Buch. Ehrenbuch der österreichisch-ungarischen Wehrmacht. Bd. 1–2, Wien 1917

Delande, M.: Les ordres françaises, les ordres coloniaux, médailles commemoratives, médailles d'honneur des ministères, 1934-France-Décorations-Union française 1935

Dimacopoulos, G.D.: Greek Orders and Medals, Athènes 1961

Doehle, H.: Orden und Ehrenzeichen im Dritten Reich, Berlin 1939–1942

Dorling, H. Taprell (Taffrail): Ribbons and Medals. Naval, Military, Air Force and Civil, London 1957

Falkenstein, J. von: Imperial Austrian Medals and Decorations, Tucson/Arizona 1972

Geeb-Kirchner-Thiemann: Deutsche Orden und Ehrenzeichen, Berlin-Bonn-München 1957–1970

Gelbke, W. von: Abbildung und Beschreibung sämtlicher Ritterorden, Ehrenzeichen, Berlin 1832–39

Gottschalk, F.: Almanach der Ritterorden, 1-3, Leipzig 1817–1819

Gritzner, M.: Handbuch der Ritter- und Verdienstorden aller Kulturstaaten der Welt, Leipzig 1893/Wien 1960

Hall, D.: British Orders, Decorations and Medals, St. Ives 1973

Hippolyt-Helyot, P.: Ausführliche Geschichte der geistlichen und weltlichen Kloster- und Ritterorden, Leipzig 1738

Hebra, H.C.: Beschreibung aller deutschen und der vornehmsten fremden Ritter-Orden, Ulm 1839

Hesse, W. von Hessenthal-Schreiber, G.: Die tragbaren Ehrenzeichen des deutschen Reiches, Berlin 1940

Heyden, H. von: Ehren-Zeichen der erloschenen und blühenden Staaten Deutschlands und Österreich-Ungarns, Meiningen 1897/Reprint Berlin 1971

Joslin, E.C. (Ed.): The Standard Catalogue of British Orders, Decorations and Medals, 1972

Klenau, A. Graf: Großer deutscher Ordenskatalog, München 1974

Klietmann, K.G.: Pour le Mérite und Tapferkeitsmedaille, Berlin 1966

Klietmann, K.G.: Deutsche Auszeichnungen, 1–3, Berlin 1971–1973

Kranz, H.U.: Orden und Ehrenzeichen der Bundesrepublik Deutschland, Köln 1958

Lange, K.: Orden und Ehrenzeichen der Deutschen Demokratischen Republik, Dresden 1964

zu Lippe, Ernst August: Orden und Auszeichnungen in Geschichte und Gegenwart, Heidelberg-München 1958

Littlejohn, D.-Dodkins, C.M.: Orders, Decorations, Medals and Badges of the Third Reich. Mountain View California 1968, Volume 2. 1973

Měřička, V.: Orden und Auszeichnungen, Prag 1966, [2]1969

Měřička, V.: Orden und Ehrenzeichen der österreichisch-ungarischen Monarchie, Wien-München 1974

Neubecker, O.: Ordensritterliche Heraldik, Görlitz 1940

Procházka, Roman, Freiherr von: Österreichisches Ordenshandbuch, München 1974

Rammelsberg, J.W.: Beschreibung aller Ritterorden nebst

Bildnissen derer Ordens-Zeichen, Frankfurt/Oder 1743/ Reprint Berlin 1973

Rammelsberg, J.W.: Beschreibung aller heutigen Tages in Europa florierenden geistlichen und weltlichen Ritterorden, Frankfurt/Oder 1743

Schneider, L.: Geschichte des königlichen und fürstlichen Haus-Ordens von Hohenzollern, Berlin 1868

Schneider, L.: Geschichte des hohen Ordens vom Schwarzen Adler, 1870

Schneider, L.: Das Buch vom Eisernen Kreuze, Berlin 1872

Schreiber, G.: Die Bayerischen Orden und Ehrenzeichen, München 1964

Schulze, H.: Chronik sämtlicher bekannten Ritterorden und Ehrenzeichen, Berlin 1855, Suppl. 1870/1878

Schwan, F.: Abbildung aller geistlichen und weltlichen Ritterorden, welche eigene Ordenskleidung haben, Mannheim 1771

Trost, J.L.: Die Ritter- und Verdienstorden, Ehrenzeichen und Medaillen aller souveränen Staaten, Wien-Leipzig 1910

Wahlen, G.: Das Buch der Ritterorden und Ehrenzeichen, Bruxelles-Leipzig 1848

Waldorf-Astoria: Orden. Eine Sammlung der bekanntesten deutschen Orden und Auszeichnungen, München 1938

Wippel, G.: Die Ritterorden, Berlin 1817, [2]1819